RACE NO MOTIF TO EDGING by NHK publishing, Inc.
Copyright © 2010 by NHK Publishing, Inc.
All rights reserved.
First published in Japan by NHK Publishing, Inc., Tokyo.

This Korean edition is published by arrangement with
NHK Publishing, Inc., Tokyo in care of Tuttle-Mori Agency, Inc., Tokyo
through IMPRIMA KOREA AGENCY, Seoul

이 책의 한국어판 출판권은 Tuttle-Mori Agency, Inc., Tokyo와 Imprima Korea Agency를 통해
NHK Publishing, Inc.와의 독점계약으로 시공사에 있습니다.
저작권법에 의해 한국 내에서 보호를 받는 저작물이므로 무단전재와 무단복제를 금합니다.

누구나 쉽게 따라하는
코바늘 손뜨개
Motif & Edging of Crochet Lace

NHK출판사 편집부 지음 | **조경자** 옮김 | **최현정** 감수

미호

이 책에 소개된 작품들은
코바늘과 실만 있으면 짬이 날 때마다 조금씩 떠서 완성할 수 있는 것들이에요.
처음 코바늘 손뜨개에 도전하는 초보자라도 쉽게 따라할 수 있도록 너무 가는 실은 사용하지 않았어요.
두꺼운 레이스실과 가는 손뜨개용 실을 사용했기 때문에 짧은 시간 안에 빠르게 작품을 완성할 수 있답니다.
모티브로 연결하는 도일리(Doily, 작은 그릇을 받치는 깔개)를 시작으로,
기성복에 에징(가장자리 장식)을 붙인 아이템 등 일상생활에서 사용할 수 있는 소품을 중심으로 구성했어요.
단아하면서도 앙증맞은 코바늘 손뜨개를 함께 즐기지 않으실래요?

Contents

작은 모티브 — p.4

모티브를 연결한 도일리 — p.5~9
뜨는 법 ♦ p.40, 47~51

파인애플 무늬의 도일리, 코스터 — p.10
뜨는 법 ♦ p.52, p.40

도일리 & 보틀 커버 — p.11
뜨는 법 ♦ p.53

잎사귀 무늬의 도일리 — p.12
뜨는 법 ♦ p.54

사각 도일리 — p.13
뜨는 법 ♦ p.55

테이블클로스 — p.14
뜨는 법 ♦ p.56

커튼 코르사주 — p.15
뜨는 법 ♦ p.57

모티브로 연결한 쿠션 커버 — p.16
뜨는 법 ♦ p.58

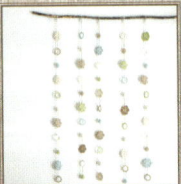
오너먼트 — p.17
뜨는 법 ♦ p.44, 60

모티브로 연결한
코바늘 케이스 — p.18
뜨는 법 ✦ p.62

핀쿠션&시저스 키퍼 — p.19
뜨는 법 ✦ p.64

튜닉 블라우스 — p.20
뜨는 법 ✦ p.43, 65

레이스 캐미솔 — p.21
뜨는 법 ✦ p.66

레이스 카디건 — p.22
뜨는 법 ✦ p.66

모티브로 연결한
스카프 — p.23
뜨는 법 ✦ p.67

레이스 양산 — p.24
뜨는 법 ✦ p.68

클로버 잎 왕골 가방 — p.25
뜨는 법 ✦ p.77

모티브로 연결한 솔 — p.26
뜨는 법 ✦ p.68

모티브로 연결한 가방 — p.27
뜨는 법 ✦ p.70

모티브로 연결한
주머니 — p.28
뜨는 법 ✦ p.72

슈즈 코르사주 — p.29
뜨는 법 ✦ p.61

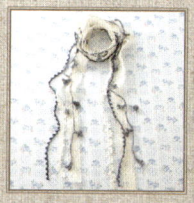
래리어트 — p.30
뜨는 법 ✦ p.78

목걸이와 반지 — p.31
뜨는 법 ✦ p.74

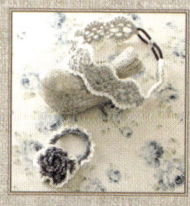
헤어밴드&머리끈 — p.32
뜨는 법 ✦ p.76

직접 한번 떠볼까요? *How to make* — p.33

작은 모티브

손쉽게 뜰 수 있는 작은 모티브는 티 코스터나 소품 매트, 장식용 아이템으로 사용하기 좋아요.
우선 모티브를 한 장 떠보면서 작은 레이스의 세계를 즐겨보세요.

원 *Circle* (p.5)

사각 *Square* (p.6)

꽃 *Flower* (p.9)

팔각 *Octagon* (p.9)

육각 *Hexagon* (p.8)

삼각 *Triangle* (p.7)

모티브를 연결한 도일리

모티브를 떠서 연결하다 보면 사랑스러운 레이스 장식을 완성할 수 있죠.

원 *Circle*

조그마한 원 모티브를 연결했더니 꽃 모양이 만들어졌네요.
좁은 공간에 장식할 수 있는 미니 도일리예요.

뜨는 법 ❖ p.40, 47

레슨 작품

사각 *Square*

순백이 아닌 빛이 바랜 듯한 백색과 핑크 베이지의 조화가 아름다운 도일리.
테이블센터로 사용하고 싶다면 여러 개를 연결하여 크게 만들면 좋아요.

뜨는 법 ✤ p.48

모티브를 연결한 도일리

삼각 *Triangle*

삼각 모티브를 여덟 장 연결하여 마름모꼴 도일리를 만들었어요.
여섯 장을 연결하면 육각형 도일리를 완성할 수 있어요.

뜨는 법 ◈ p.49

육각 *Hexagon*

육각형 모티브를 일곱 장 연결한 도일리예요.
연두색과 아이보리의 산뜻한 색 배합으로, 화이트 테이블에 장식하면 돋보여요.

뜨는 법 ✤ p.50

모티브를 연결한 도일리

팔각&꽃 *Octagon & Flower*

팔각형의 모티브를 만든 다음 사이사이 빈 공간에 작은 꽃을 채워 넣었어요.
오프화이트와 짙은 남색에 옅은 베이지를 가미한 색 배합이 독특하고 깜찍해요.

뜨는 법 ✤ p.51

파인애플 무늬의 도일리
Pineapple Doily

약간 두꺼운 실로 뜬
도일리(사진 왼쪽)로,
작은 파인애플 무늬를 넣어
정겨운 분위기를 연출해보세요.

뜨는 법 ❖ p.52

코스터
Coaster

p.5의 원 모티브의
단을 늘여 뜬 코스터.
다양한 색으로 여러 장 떠서
필요할 때마다 사용하세요.

뜨는 법 ❖ p.40

[레슨 **작품**]

도일리 & 보틀 커버
Doily & Bottle Cover

심플하고 예쁜 레이스 무늬가 어떤 인테리어 분위기와도 잘 어울려요.
색이 다른 도일리는 가장자리에 비즈를 달아
보틀 커버로 활용하면 좋아요.

뜨는 법 ❖ p.53

잎사귀 무늬의 도일리
Leaf Doily

잎사귀 무늬를 넣은 섬세한 느낌의 도일리는 나무틀에 넣어 장식해보세요.
앤티크한 레이스처럼 고혹적인 분위기를 연출할 수 있어요.

뜨는 법 ❖ p.54

사각 도일리
Square Doily

사각형으로 디자인한 무늬와
가장자리의 스캘럽이 깜찍해요.
이 아이템은 코바늘뜨기가
어느 정도 손에 익으면 도전해보세요.

tip ❖ 스캘럽(Scallop)은 '가리비 껍데기'를 뜻해요. 가리비 껍데기와 비슷한 모양의 곡선을 연결한 물결무늬나 부채꼴 모양의 장식도 스캘럽이라고 해요.
뜨는 법 ❖ p.55

테이블클로스
Tablecloth

클래식하며 아름다운 스캘럽 무늬의 레이스를 테이블클로스의 가장자리에 달았어요.
이러한 가장자리 장식을 '에징'이라고 해요.
테이블클로스의 가장자리에 덧댈 만큼 레이스를 뜨는 것이 조금은 수고스럽지만,
일단 만들어두면 오랫동안 소장하고 싶은 작품이 될 거예요.

뜨는 법 ✤ p.56

커튼 코르사주
Curtain Corsage

꽃 모티브를 사용하여 커튼 액세서리를 떠보세요.
실로 뜬 얇은 끈과 시중에서 파는 레이스만 있으면
커튼 집게가 없어도 자연스럽게 커튼을 묶을 수 있어요.

뜨는 법 ❖ p.57

모티브로 연결한 쿠션 커버
Motif Cushion Cover

사각 모티브를 떠서 연결하여 쿠션 커버를 만들었어요.
아이보리, 핑크, 그레이의 컬러 배합을 즐기면서 뜰 수 있어요.

뜨는 법 ✤ p.58

오너먼트
Ornament

꽃과 링, 볼을 연결한 오너먼트예요.
따뜻하고 포근한 느낌의
파스텔 톤 실들의 조화가
방의 분위기를 포근하게 만들어요.

뜨는 법 ❖ p.44, 60

레슨 **작품**

모티브로 연결한 코바늘 케이스
Crochet Hook Case

사각 모티브를 연결하고 안쪽에 리넨을 덧댔어요.
핸드메이드 코바늘 케이스가 있으면 뜨개질 시간이
훨씬 더 즐거울 거예요.

뜨는 법 ✤ p.62

안쪽 주머니에는 칸막이와 바늘 끝을 보호하는 플랩(덮개)이 달려있습니다.

핀쿠션 & 시저스 키퍼
Pincushion & Scissors Keeper

리넨으로 만든 핀쿠션에는 작고 귀여운 모티브를 달아 한껏 멋을 부렸어요.
수예용 가위의 손잡이에 매다는 시저스 키퍼는
가위가 쉽게 눈에 띄도록 고안한 편리한 아이템이에요.

뜨는 법 ❖ p.64

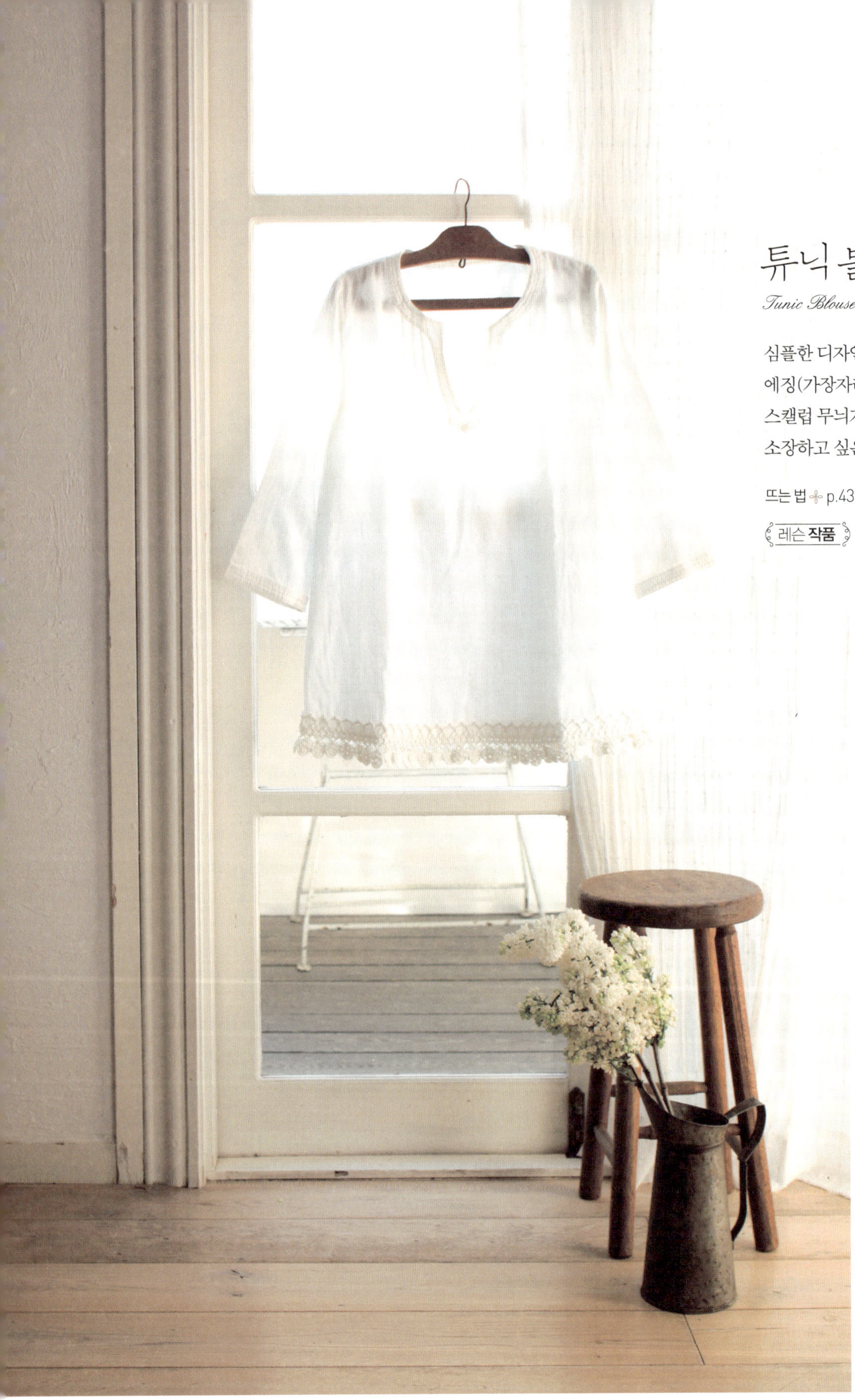

튜닉 블라우스

Tunic Blouse

심플한 디자인의 블라우스 단에
에징(가장자리 장식)을 달았더니,
스캘럽 무늬가 나풀거리는, 두고두고
소장하고 싶은 특별한 옷으로 바뀌었어요.

뜨는 법 ✤ p.43, 65

레슨 **작품**

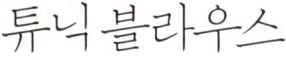

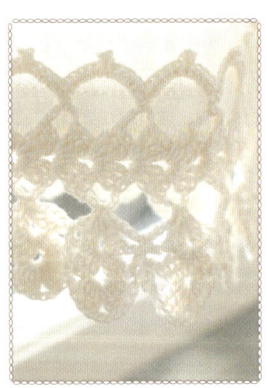

레이스 캐미솔
Lace Camisole

캐미솔에 코바늘 손뜨개로 만든 에징을 달면
시판 레이스와는 또다른 느낌이 나요.
레이어드 룩에 자주 활용되는 슬리브리스의
가슴 부분에 핸드메이드로 귀여운 레이스를 달아보세요.

뜨는 법 ◈ p.66

레이스 카디건
Lace Cardigan

적당한 광택을 지닌 실로 조개 무늬의
에징(가장자리 장식)을 디자인했어요.
수수한 카디건이 한결 여성스럽게 변신했어요.

뜨는 법 ✣ p.66

모티브로 연결한 스카프
Motif Stole

촉감이 가볍고 매끈한 리넨과 면 혼방사로 뜬 스카프예요.
투명감을 살린 모티브라서 비교적 빨리 완성할 수 있어요.

뜨는 법 ❖ p.67

레이스 양산
Lace Parasol

스캘럽 무늬의 에징(가장자리 장식)을
양산 끝에 댔더니, 양산에 클래식한 느낌이
더해지며 고급스러워졌어요.

뜨는 법 ✤ p.68

tip ✤ 양산의 끈은 같은 무늬의 에 징에 단추를 달아서 완성하세요.

클로버 잎 왕골 가방
Basket Bag

클로버 잎으로 디자인한
에징(가장자리 장식)을 왕골 가방에 달았어요.
가방을 들 때마다 흔들리는
클로버 모양의 모티브가 사랑스러워요.

뜨는 법 ❖ p.77

모티브로 연결한 숄
Motif Shawl

오가닉 코튼으로 가녀린 꽃 모티브를 떠서
완성한, 촉감이 부드러운 숄이에요.
날씨가 쌀쌀할 때 걸치면 멋스러워요.

뜨는 법 ✤ p.68

모티브로 연결한 가방
Motif Bag

갈색을 바탕색으로 사용해 꽃 모티브가 화려하기보단 빈티지스러워요.
어떤 스타일에도 잘 어울리며, 사용하기에도 편리한 A4 사이즈의 가방이에요.

뜨는 법 ✤ p.70

모티브로 연결한 주머니
Motif Pouch

작은 꽃들이 마치 살아 있는 듯 입체적으로
표현된 사랑스러운 디자인이에요.
모티브 사이사이의 빈 공간이 적어 안감을
대지 않고도 사용할 수 있어요.

뜨는 법 ✤ p.72

슈즈 코르사주
Shoes Corsage

에징(가장자리 장식)을 만들어 꽃 모양으로 붙였어요.
안쪽에 슈즈 클립을 붙여 코르사주로 만들어보세요.

뜨는 법 ❖ p.61

tip ❖ 슈즈 클립은 인터넷 쇼핑몰에서 판매하는데,
글루건을 이용해 클립에 코르사주를 고정시키면 돼요.

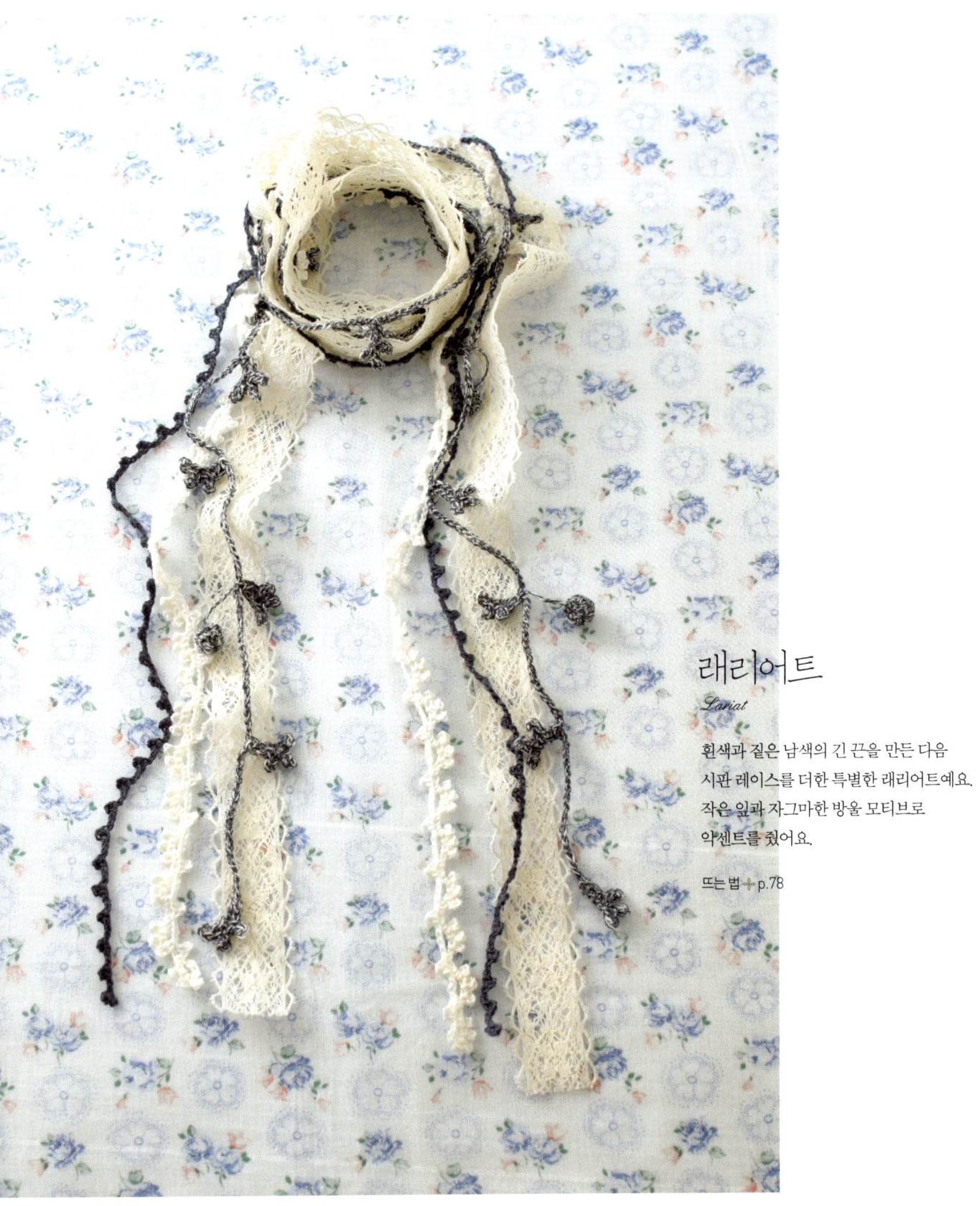

래리어트
Lariat

흰색과 짙은 남색의 긴 끈을 만든 다음
시판 레이스를 더한 특별한 래리어트예요.
작은 잎과 자그마한 방울 모티브로
악센트를 줬어요.

뜨는 법 ✤ p.78

목걸이와 반지
Necklace & Ring

리넨과 면 혼방사에 펄 비즈를 달아
화려함을 더한 목걸이와 반지예요.
꽃의 모티브가 입체적인, 유니크한 액세서리예요.

뜨는 법 ✤ p.74

헤어밴드&머리끈
Hair Band & Hair Elastic

폭이 넓은 에징(가장자리 장식)을 헤어밴드로 응용했어요.
머리에 썼을 때 꽉 조이지 않도록 고무줄을 달고
머리끈에는 큼직한 장미꽃을 디자인해서 달았어요.

뜨는 법 ✤ p.76

직접 한번 떠볼까요?

How to make

뜨고 싶은 작품을 찾으셨나요?
그럼, 레이스 뜨기의 기초를 꼼꼼히 읽은 다음
나만의 작품을 완성해보세요.

레이스 뜨기의 기초 *Basic Lesson of Crochet Lace*

필요한 도구

✤ 뜨개실의 종류

a 에이미 그란데
(Emmy Grande)

b 에이미 그란데 허브스
(Emmy Grande Herbs)

c 프티 마르셰 리넨&코튼
(가는 것, Petit Marche Linen & Cotten)

d 리넨 내추르
(Linen Nature)

이 책에는 처음 뜨개질을 하는 초보자도 손쉽게 레이스를 뜰 수 있도록 두꺼운 레이스 실과 수예용 가는 실을 함께 사용했어요. 실의 두께에 따라 같은 도안으로 떠도 작품의 크기가 달라지므로 손에 익어 익숙해질 때까지는 취향에 맞는 두께의 실을 계속 사용하세요.

✤ 코바늘의 종류

레이스용 코바늘 0호
코바늘 2/0호
3/0호
4/0호

실물을 확대한 모습

이 책에서는 레이스용 코바늘과 클로버(Clover)의 일반 코바늘 2/0호(2.0mm)~4/0호(2.5mm)를 사용했어요. 레이스용 코바늘은 가장 두꺼운 바늘이 0호이며, 그 다음으로 두꺼운 바늘이 코바늘 2/0호예요. 레이스용 코바늘은 숫자가 커질수록 가늘어지고, 일반 코바늘은 숫자가 커질수록 두꺼워져요. 클로버의 펜-E 코바늘은 오랜 시간 뜨개질을 해도 손의 피로를 덜 느끼도록 고안되었으며, 초보자에게 적합한 제품이에요.

✤ 기타 준비 도구 가위, 돗바늘, 줄자

실타래에서 실 빼는 법

✤ 바깥쪽에서 실을 빼는 타입 (에이미 그란데의 경우)

1 비닐봉지에서 실을 빼낸다.

2 바깥쪽의 실을 빼낸다. 실이 더러워지지 않도록 비닐봉지에 넣어 입구를 고무줄로 가볍게 묶어 실을 잡아당기면서 뜬다.

✤ 안쪽에서 실을 빼는 타입 (에이미 그란데 허브스의 경우)

실을 비닐봉지에서 꺼내 안쪽의 두꺼운 종이를 화살표 방향으로 돌리면서 빼낸다. 실이 더러워지지 않도록 비닐봉지에 넣어 입구를 고무줄로 가볍게 묶어 실을 잡아당기면서 뜬다.

예쁘게 뜨려면

레이스 뜨기는 털실처럼 느슨하게 짜지 않고 코를 조이듯 뜬다. 가능한 한 바늘 끝으로 뜨면 코가 느슨해지지 않고 예쁘게 마무리된다. 사슬뜨기로 네트를 뜰 때는 네트가 느슨해지지 않도록 주의해서 뜬다.

게이지에 대해

게이지(Gauge)란 작품을 뜰 때 기준이 되는 코의 크기를 말하는데, 작품에 따라 기둥코의 높이를 나타내기도 하고, 단(段)의 수를 뜻하기도 하며, 모티브 한 장의 크기를 뜻하기도 한다. 같은 실과 바늘로 떠도 뜨는 사람에 따라 완성품이 크기가 차이가 날 수 있기 때문에 게이지는 반드시 필요하다. 각각의 게이지를 기준으로 코가 팽팽할 때는 두꺼운 바늘로, 코가 헐렁할 때는 가는 바늘로 바꾸는 게 좋다.

실 감는 법 (왼손)

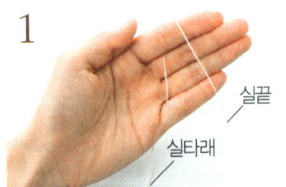

1 실끝 / 실타래

실을 왼손의 새끼손가락과 약지 사이에 끼우고 검지에 건다.

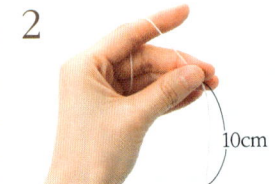

2 10cm

엄지와 중지로 실 끝을 잡고 실이 느슨해지지 않도록 검지로 조정한다.

코바늘 쥐는 법 (오른손)

코바늘은 엄지와 검지로 가볍게 잡고 중지로 바늘을 받친다. 바늘코에서 검지 끝과의 간격은 3~4cm 정도가 적당하다.

레이스 뜨는 법 *How to Crochet Lace*

시작하기 - 중심부터 뜨는 경우

✦ 원형뜨기의 시작 (1단을 짧은뜨기로 하는 경우)

1
검지에 실을 두 번 감는다.

2
실을 검지에서 빼낸다.

3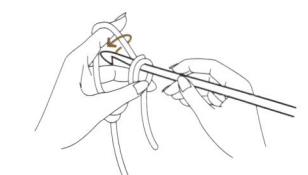
검지에 실을 걸고 엄지와 중지로 고리의 아래쪽을 쥐고 구멍에 넣어 바늘 끝에 실을 걸고 빼낸다.

4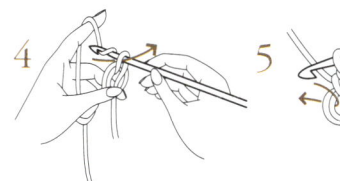
사슬 1코를 뜬다.

5
짧은뜨기를 한다.

6
실 끝을 살짝 잡아당겨 움직인 쪽 고리를 당겨 고리를 줄인다.

7
화살표 방향으로 실 끝을 잡아당긴다.

8
시작코의 짧은뜨기의 머리에 바늘을 넣어 빼뜨기를 한다.

9
완성한 모습.

✦ 사슬뜨기로 원형뜨기의 시작 (1단이 짧은뜨기인 경우)

1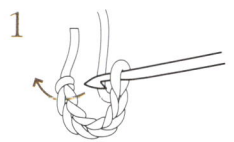
사슬뜨기 7코 정도를 뜬다(꼭 7코가 아니어도 된다).

2
시작코에 바늘을 걸어 화살표 방향으로 한 번에 빼낸다.

3
빼낸 모습.

4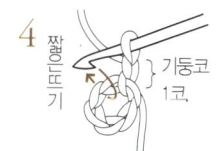
짧은뜨기 기둥코 1코.

5
그림처럼 짧은뜨기를 한다.

시작하기 - 사슬뜨기의 만들기 코에 뜨는 경우

✦ 만들기 코의 실을 줍는 경우

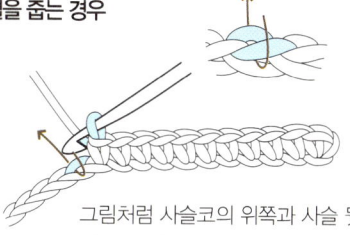

그림처럼 사슬코의 위쪽과 사슬 뒷산에 바늘을 넣고 실을 걸어 빼낸다.

✦ 만들기 코의 사슬을 그대로 살려 예쁘게 뜨는 법

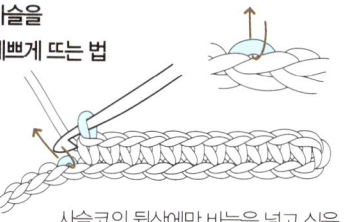

사슬코의 뒷산에만 바늘을 넣고 실을 걸어 빼낸다.

실 바꾸는 법

1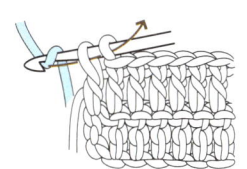
마지막 코를 바늘 중간에 두고 바늘 코에 다른 실을 걸어 한 번에 빼낸다.

2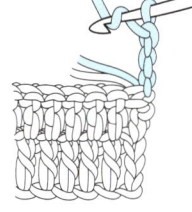
계속하여 뜬다.

모티브의 마지막 코를 마무리하는 법

그림처럼 돗바늘로 사슬코를 만들어 실을 잡아당긴다.

뜨기 기호와 뜨는 법

⊙ 사슬뜨기

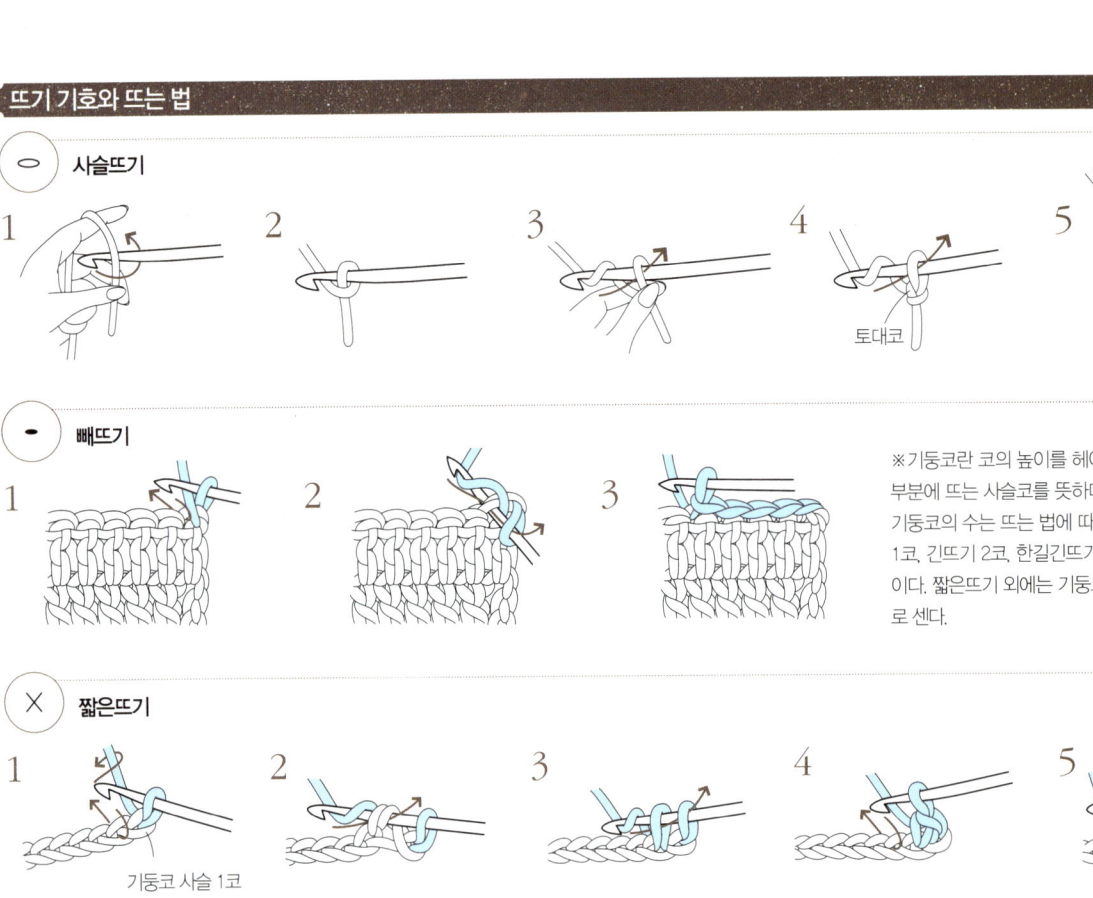

※ 기둥코란 코의 높이를 헤아리기 위해 단의 시작 부분에 뜨는 사슬코를 뜻하며, 세움코라고도 한다. 기둥코의 수는 뜨는 법에 따라 결정되며 짧은뜨기 1코, 긴뜨기 2코, 한길긴뜨기 3코, 두길긴뜨기 4코 이다. 짧은뜨기 외에는 기둥코의 사슬코를 코의 수로 센다.

T 긴뜨기

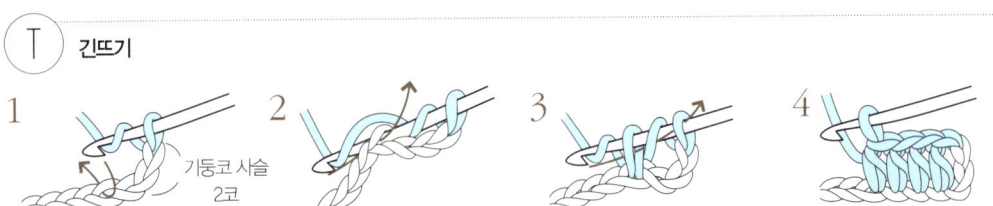

⊤ 한길긴뜨기

⊤ 두길긴뜨기

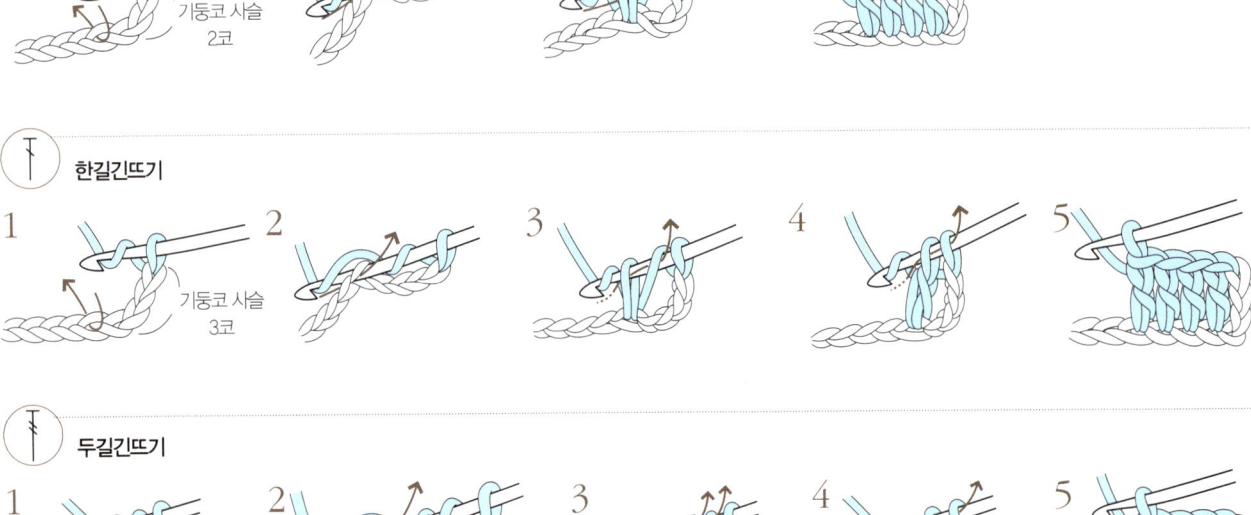

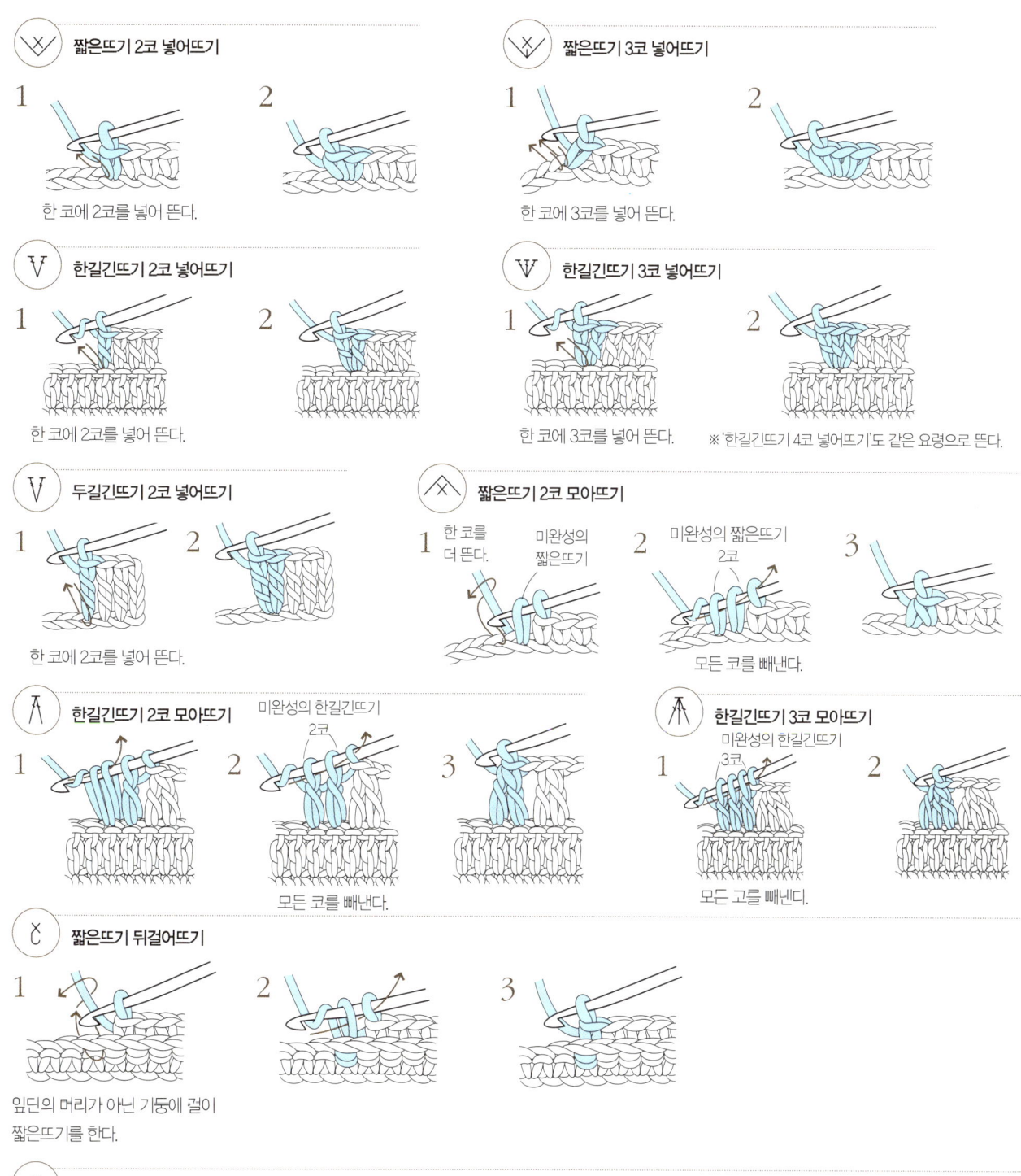

긴뜨기 3코 구슬뜨기

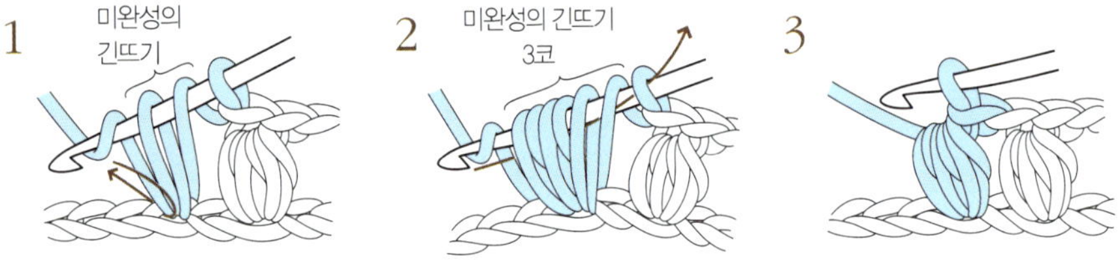

1 미완성의 긴뜨기
2 미완성의 긴뜨기 3코
3

같은 코에 넣어 뜬다.

기호 보는 법

앞단의 1코에 바늘을 넣는다.
앞단의 사슬뜨기 전체에 건다.

한길긴뜨기 2코 구슬뜨기

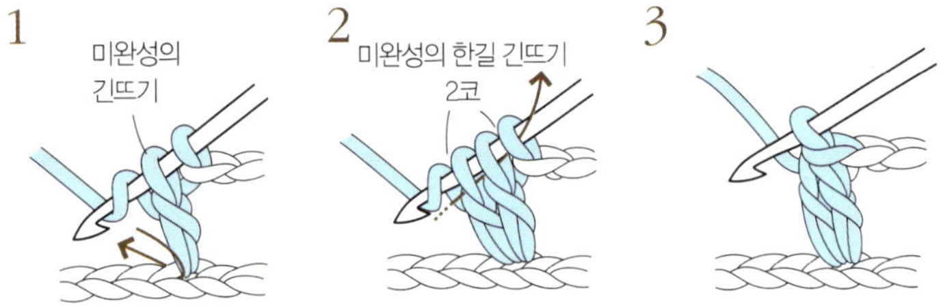

1 미완성의 긴뜨기
2 미완성의 한길 긴뜨기 2코
3

같은 코에 넣어 뜬다.

한길긴뜨기 3코 구슬뜨기
※ '한길긴뜨기 4코 구슬뜨기'도 같은 요령으로 뜬다.

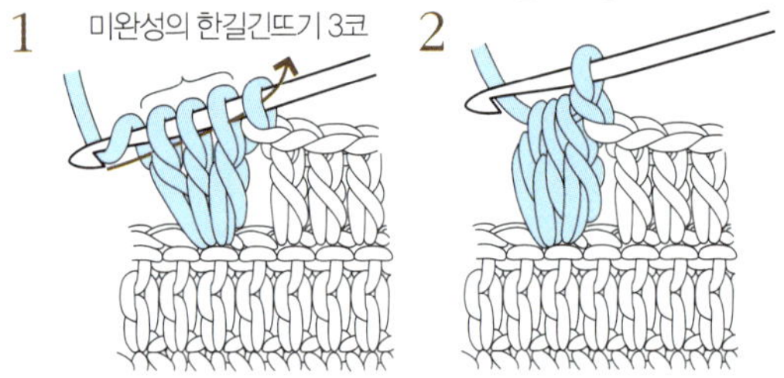

1 미완성의 한길긴뜨기 3코
2

같은 코에 넣어 뜬다.

두길긴뜨기 2코 구슬뜨기

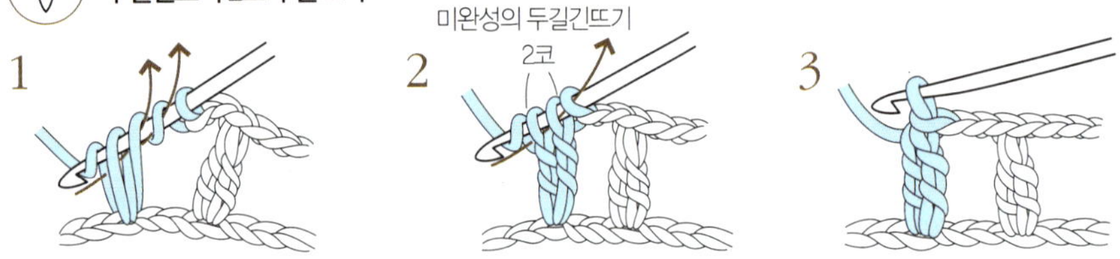

1
2 미완성의 두길긴뜨기 2코
3

같은 코에 넣어 뜬다.

두길긴뜨기 3코 구슬뜨기

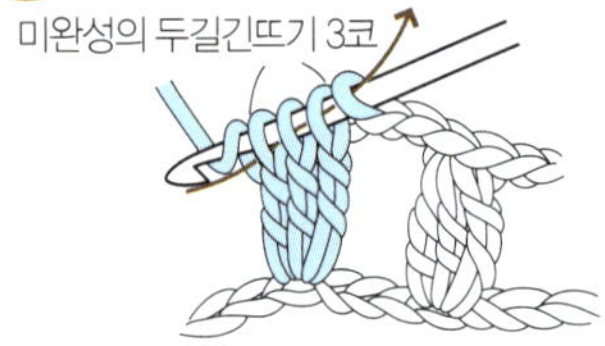

미완성의 두길긴뜨기 3코

같은 코에 넣어 뜬다.

한길긴뜨기 4코 팝콘뜨기

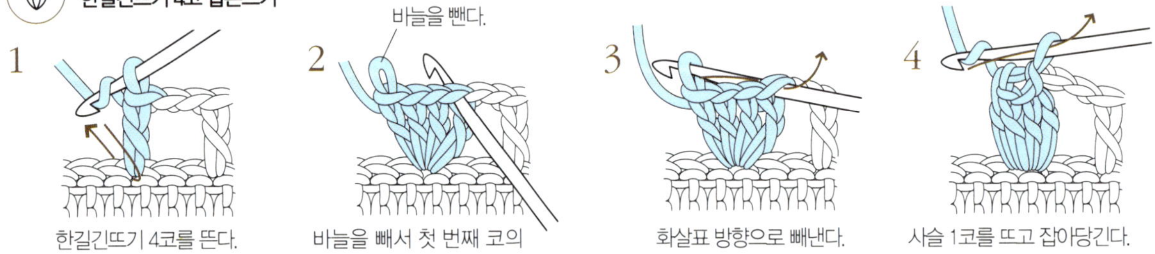

1
2 바늘을 뺀다.
3
4

한길긴뜨기 4코를 뜬다.
바늘을 빼서 첫 번째 코의 한길긴뜨기 머리에 넣는다.
화살표 방향으로 빼낸다.
사슬 1코를 뜨고 잡아당긴다.

사슬 3코 피코뜨기, 짧은뜨기로 뜨는 경우

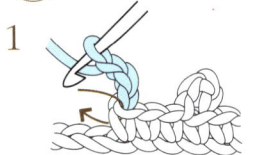
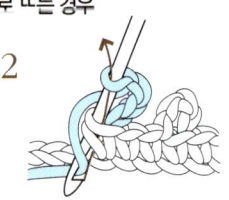
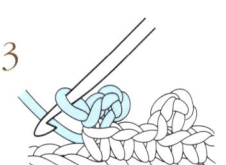

사슬 3코를 떠서 화살표 위치에 바늘을 넣는다.
바늘코에 실을 걸어 한 번에 빼낸다.
※사슬의 코의 수가 바뀌어도 같은 요령으로 뜬다.

| 짧은뜨기의 고랑뜨기 | 긴뜨기의 고랑뜨기 | 한길긴뜨기의 고랑뜨기 | 두길긴뜨기의 고랑뜨기 |

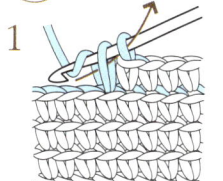
1 **2**

앞단 코의 반 코(그림에서 하늘색 부분의 코)에 바늘을 넣어 짧은뜨기를 한다.
※ 빼뜨기의 고랑뜨기도 같은 요령으로 뜬다.

그림처럼 뜬다.

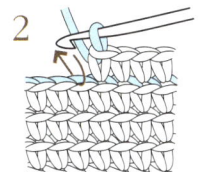

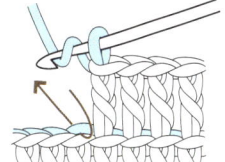

앞단 코의 반 코(그림에서 하늘색 부분의 코)에 바늘을 넣어 긴뜨기를 한다.

앞단 코의 반 코(그림에서 하늘색 부분의 코)에 바늘을 넣어 한길긴뜨기를 한다.

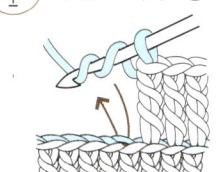

앞단 코의 반 코(그림에서 하늘색 부분의 코)에 바늘을 넣어 두길긴뜨기를 한다.

모티브를 연결하는 법

✢ 빼뜨기로 뜨면서 연결하는 법

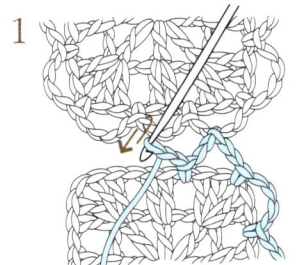
1

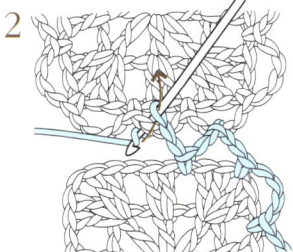
2

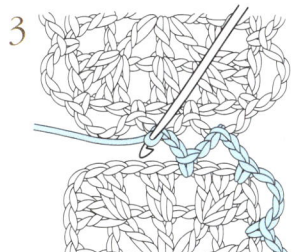
3

2장째부터 연결한다. 1장의 모티브의 사슬뜨기 고리에 바늘을 넣는다.

바늘코에 실을 걸어 빼낸다.

빼뜨기를 한 모습. 계속 뜬다.

✢ 짧은뜨기로 뜨면서 연결하는 법

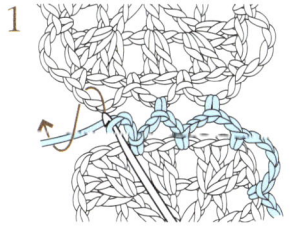
1

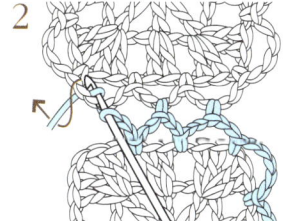
2

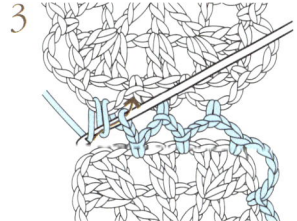
3

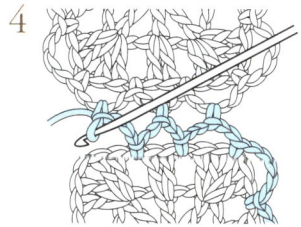
4

2장째부터 연결한다. 1장의 모티브의 사슬뜨기 고리에 바늘을 넣어 실을 빼낸다.

바늘코에 실을 건다.

팽팽하게 조여 빼낸 뒤 짧은뜨기를 한다.

짧은뜨기를 한 모습. 계속 뜬다.

단 마무리하는 법

✢ 코바늘로 감치기

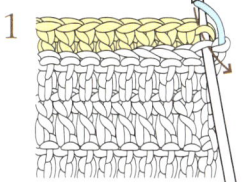
1

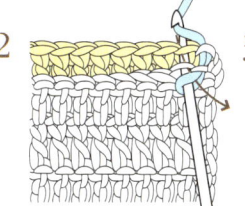
2

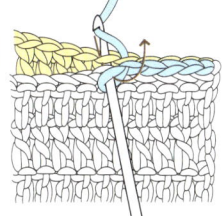
3

바늘코에 실을 걸어서 화살표 방향으로 한 번에 뺀다.

바늘코에 다시 실을 걸어 화살표 방향으로 한 번에 뺀다.

반복하여 마무리한다.

✢ 돗바늘로 감치기

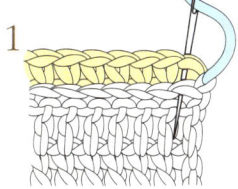
1

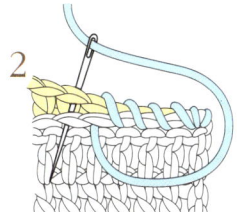
2

돗바늘에 실을 꿰어 그림처럼 찔러 넣는다.

같은 요령으로 감친다.

{ 레슨 **작품** }

코스터(사진 p.10)를 짜볼까요?

※모티브를 연결한 원 도일리(사진 p. 5)는 뜨는 법이 4단까지 같다.

완성 치수
지름 9.5cm

준비 도구
실 18번 정도의 면사(올림퍼스 에이미 그란데)
  A : 오프화이트(851)
  B : 옅은 베이지(810) … 각 4g
바늘 2/0호 코바늘, 돗바늘

게이지
한길긴뜨기 1단=0.9cm

뜨는 법
◎ 실은 한 가닥으로 뜬다.
원형뜨기로 시작하여 도안대로 8단을 뜬다.

뜨는 법 도안
모티브로 연결한 둥근 도일리

○ 사슬뜨기
× 짧은뜨기
● 빼뜨기
┃ 한길긴뜨기
∧ 한길긴뜨기 3코 구슬뜨기

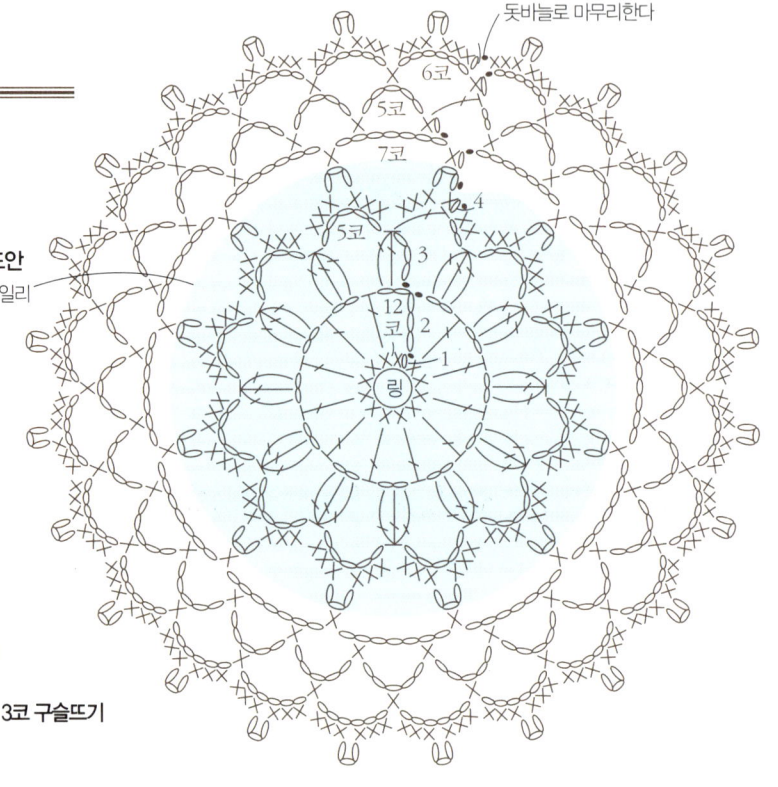

1단을 뜬다

1
✢ 원형뜨기로 시작
왼손의 검지에 실 끝을 두 번 정도 감는다.

2
검지를 빼고 왼손에 실을 걸고 고리의 아래쪽을 엄지와 중지로 잡는다. 고리 안에 바늘을 넣어 바늘코에 실을 걸고 화살표 방향으로 빼낸다.

3
✢ 사슬뜨기
바늘코에 실을 걸고 화살표 방향으로 잡아 빼낸다.

4
기둥코의 사슬뜨기를 완성한 모습.

5
✢ 짧은뜨기
고리 안에 바늘을 넣고 바늘코에 실을 걸어 화살표 방향으로 빼낸다.

6
바늘코에 실을 걸고 바늘에 걸쳐진 고리 2개를 한 번에 잡아 빼낸다.

7
짧은뜨기를 완성한 모습.

8
5번과 6번 과정을 반복하며 짧은뜨기로 모두 12코를 뜬다.

9
코가 빠지지 않도록 주의하면서 바늘코로 실 a를 잡아당긴 후 바늘을 뺀다.

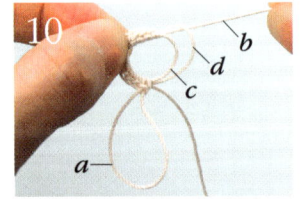

10
실 끝 b를 살짝 당기면 고리 안쪽의 실 c가 작아진다.

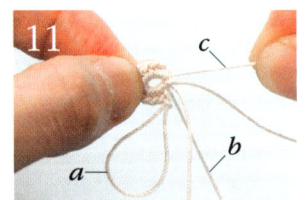

11
실 c를 잡아당기면 실 d가 좁아져 고리가 작아진다.

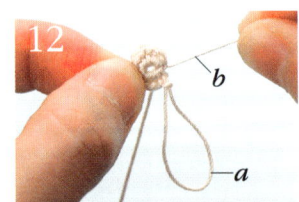

12
실 끝 b를 당기면 실 c가 당겨져 고리가 더욱 작아진다.

13

✣ **빼뜨기**
9번 과정에서 크게 만든 고리(실 a)에 바늘을 다시 넣고 실을 잡아당긴다. 화살표처럼 첫 번째 짧은뜨기의 머리에 바늘을 넣는다.

14

바늘코에 실을 걸어 팽팽하게 실을 조이며 화살표 방향으로 한 번에 빼낸다.

15

빼뜨기의 1단이 완성된 모습.

2단을 뜬다

1

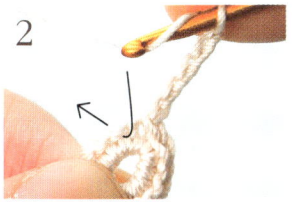

사슬뜨기 3코를 떠 기둥코를 만들고, 계속해서 사슬뜨기 2코를 더 뜬다.

Point 사슬뜨기는 코의 크기를 동일하게 뜨고, 코가 비뚤이지 않도록 주의한다.

2

✣ **한길긴뜨기**
바늘코에 실을 걸고 앞단의 두 번째 짧은뜨기의 머리에 바늘을 넣는다.

3

바늘코에 실을 걸고 한길긴뜨기 1단(사슬뜨기 3코) 높이의 절반 정도의 높이까지 실을 빼낸다.

4

바늘코에 실을 걸고 바늘에 걸쳐진 고리 2개를 한 번에 잡아 빼낸다.

5

이러한 상태를 '미완성의 한길긴뜨기'라고 한다. 한 번 더 바늘코에 실을 걸고 바늘에 걸쳐진 고리 2개를 빼낸다.

6

한길긴뜨기를 완성한 모습.

7

도안대로 사슬뜨기 2코와 한길긴뜨기 1코를 반복해서 뜬다. 2단의 마지막 사슬뜨기 2코를 마치면 기둥코의 세 번째 코(반 코와 뒷산)에 바늘을 넣어 실을 걸고 빼낸다.

8

2단을 완성한 모습.

3단을 뜬다

1

사진처럼 옆의 사슬뜨기 전체(2단을 뜬다의 8번 과정 사진의 ★부분)를 걸어 빼낸다(다음 단의 모양이 예쁘게 잡히도록 기둥코 위치를 이동한다).

2

✣ **한길긴뜨기 3코 구슬뜨기**
사슬뜨기 3코를 떠서 기둥코를 세우고 앞단의 사슬뜨기 전체에 걸어 미완성의 한길긴뜨기(2단을 뜬다의 5번 과정 참조)를 한다.

3

미완성의 한길긴뜨기를 한 번 더 뜬다. 바늘코에 실을 걸어 바늘에 걸쳐진 고리를 한 번에 빼낸다.

4

구슬뜨기를 완성한 모습.

5

계속해서 사슬뜨기 5코를 뜬다. 구슬뜨기는 기둥코 외에는 미완성의 한길긴뜨기 3코를 뜬다.

4단을 뜬다

6 3단의 마지막 사슬뜨기 2코를 뜬 후 맨 처음 구슬뜨기의 머리에 바늘을 넣어 한길긴뜨기를 한다. 사진은 3단을 완성한 모습.

1 사슬뜨기 1코로 기둥코를 세우고 앞단의 한길긴뜨기 전체에 걸어 짧은뜨기 1코를 뜬다.

2 사슬뜨기 3코를 뜨고 앞단의 한길긴뜨기 전체에 걸어 짧은뜨기 3코를 뜬다.

3 도안을 확인하며 그대로 뜬다. 짧은뜨기는 앞단의 사슬뜨기 전체에 걸어 뜬다. 다 뜨고 나면 맨 처음 짧은뜨기의 머리에 바늘을 넣어 빼낸다. 사진은 4단을 완성한 모습.

5단을 뜬다

5단을 완성한 모습.
사슬뜨기 1코로 기둥코를 세우고 도안대로 뜬다. 짧은뜨기는 앞단의 사슬뜨기 전체에 걸어 뜬다.

6~7단을 뜬다

도안대로 6단과 7단을 뜬다. 사진은 7단을 완성한 모습.

8단을 뜬다

1 사슬뜨기 1코로 기둥코를 세우고 짧은뜨기 3코, 사슬뜨기 3코, 짧은뜨기 3코를 반복해서 뜬다.

2 사진은 8단을 완성한 모습. 8단을 완성한 후 실 끝을 15cm 정도 남긴 후 가위로 자르고 코바늘을 빼낸다.

실 끝을 마무리한다

1 실 끝을 돗바늘 귀에 꿰고, 8단의 첫 번째 짧은뜨기 머리에 찔러 넣는다.

2 마지막 뜬 짧은뜨기 반 코와 왼쪽 기둥에 걸어 바늘을 통과시켜 사슬코를 만든다.

3 실을 잡아당겨 사슬을 조인다.

4 뜨개 바탕 안쪽도 눈에 띄지 않도록 코에 바늘을 통과시킨다. 실이 풀리지 않도록 한 번 더 여러 코에 바늘을 통과시키고 실 끝을 바짝 자른다. 남은 실 끝도 똑같이 마무리한다.

모양을 잡는다

1 다리미판에 완성한 코스터를 뒤집어 얹는다. 완성 치수에 맞춰 시침판을 균등하게 꽂고 스팀다리미로 다린다.

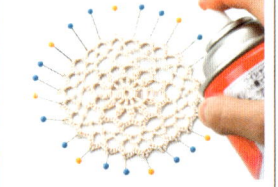

빳빳하게 완성하려면 눅눅한 상태에서 다리미용 스프레이 풀을 코스터 전체에 골고루 뿌린다(이때 다리미판 위에 종이를 깔고 작업한다).

2 완전히 건조될 때까지 그대로 두었다가 마르면 시침판을 빼낸다.

레슨 작품

모티브를 연결한 원 도일리 (사진 p.5, 뜨는 법 p.47) 모티브 연결법

빼뜨기로 뜨면서 연결하는 법

1. 코스터 뜨는 법(p. 40~42)을 참조하여 도일리 모티브를 1장을 떠 놓는다. 모티브 2장째의 가장자리를 맞대고 첫번째 장의 모티브의 사슬뜨기 전체에 걸어 바늘을 넣는다.

2. 바늘코에 실을 걸어 팽팽하게 조이면서 실을 빼낸다.

3. 실을 빼낸 모습.

4. 계속해서 뜨다가 한 곳을 더 빼뜨기로 연결한다. 사진은 모티브 2장을 연결한 모습.

레슨 작품

에징 (사진 p.20, 뜨는 법 p.65)을 떠볼까요?

무늬뜨기 A를 뜬다

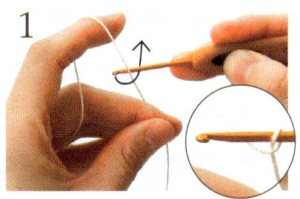  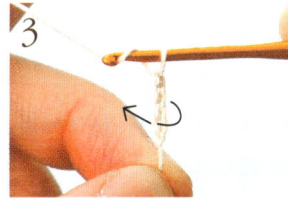 

1. **✜ 사슬뜨기**
화살표처럼 바늘을 돌려 실을 걸어 고리를 만든다.

2. 고리 아래쪽을 엄지와 검지로 잡고 바늘코에 실을 걸어 빼낸다, 실 끝을 당겨 코를 조인다(이 코는 코로 치지 않는다).

3. **✜ 한길긴뜨기 3코 뜨기를 한다**
사슬뜨기 4코를 떠서 첫 번째 사슬에 바늘을 넣어 한길긴뜨기를 한다.

4. 같은 코에 한길긴뜨기를 한 번 더 뜬다(왼쪽). 계속해서 사슬뜨기 2코를 뜨고 한길긴뜨기 3코 뜨기를 한다(오른쪽).

5. 2단을 뜬다. 사슬뜨기 5코를 떠서 화살표처럼 뜨개 바탕을 뒤집는다(왕복뜨기).

6. 앞단의 사슬뜨기 전체에 바늘을 걸어 한길긴뜨기 3코, 사슬뜨기 2코, 한길긴뜨기 3코를 뜬다. 사진은 2단을 완성한 모습.

7. 도안대로 왕복하여 뜬다. 마지막 단의 한가운데 사슬뜨기 1코까지 뜨면 첫 번째 단의 뜨기 시작한 사슬코에 빼내어 에징을 연결한다. 사진은 사슬코에 빼낸 모습.

8. 도안대로 계속 뜬다. 마지막은 첫 번째 단의 기둥코의 3번째 사슬에 한길긴뜨기를 한다. 사진은 무늬뜨기 A를 완성한 모습(원통으로 연결한 모양).

무늬뜨기 B를 뜬다

1 무늬뜨기 A에 이어서 사슬뜨기 1코로 기둥코를 세우고 뜨개 바탕을 뒤집어 짧은뜨기 1코를 뜬다.

2 도안대로 뜨기 시작한다. 사진은 1단을 완성한 모습.

3 도안대로 2~3단을 왕복뜨기 한다.

4 ✢ **사슬 3코의 피코뜨기**
4단째 사슬뜨기 2코와 짧은뜨기까지 뜬후 사슬 3코를 떠서 짧은뜨기의 머리실 한 가닥과 기둥실 한 가닥을 바늘코에 걸어 팽팽하게 조여 빼낸다.

5 사슬 3코의 피코뜨기를 완성한 모습.

6 도안대로 4단을 뜬다. 사진은 무늬뜨기 B를 완성한 모습.

무늬뜨기 C를 뜬다

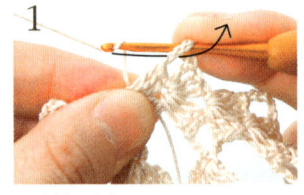

1 ✢ **실을 건다**
무늬뜨기 A 사슬의 고리에 바늘을 넣는다. 새로운 실을 바늘코에 걸쳐 화살표 방향으로 빼내 실을 잇는다.

2 도안대로 1~2단을 뜬다. 사진은 무늬뜨기 C를 완성한 모습. 실 끝을 마무리하여 완성한다.

레슨 작품

오너먼트(사진 p.17, 뜨는 법 p.60)를 떠볼까요?
※ 이해가 쉽도록 작품과 다른 실을 사용했음

꽃 모티브를 뜬다

1 ✢ **사슬뜨기로 고리(링)를 만들어 뜨는 법**
사슬뜨기 6코를 떠서 첫 번째 코에 바늘을 넣고 실을 걸어 한 번에 잡아 빼내어 고리를 만든다.

2 사슬 1코로 기둥코를 세우고 사슬뜨기 전체에 걸어 짧은뜨기를 총 12번을 뜬다. 짧은뜨기의 첫 번째 코의 머리에 바늘을 넣어 빼낸다. 사진은 1단을 완성한 모습.

3 ✢ **긴뜨기**
도안대로 3단째의 첫 짧은뜨기까지 뜨고 긴뜨기를 뜬다. 바늘코에 실을 건 다음 앞단의 사슬 전체에 바늘을 걸어 통과시킨다.

4 바늘코에 실을 걸어 실을 빼낸다.

5 이 상태를 '미완성의 긴뜨기'라고 한다. 한 번 더 바늘코에 실을 걸어 바늘에 걸쳐진 고리를 모두 빼낸다.

6 긴뜨기를 완성한 모습.

7 한길긴뜨기 2코, 긴뜨기 1코, 짧은뜨기 1코를 뜬다. 사진은 꽃잎 하나를 완성한 모습. 계속해서 3단을 뜬다.

8 4단을 뜬다. 2단째 짧은뜨기의 머리에 바늘을 넣어 짧은뜨기를 한다.

9 사슬 5코를 뜨고 두 번째 단의 짧은뜨기의 머리(★부분)에 짧은뜨기를 한다.

10 짧은뜨기를 완성한 모습. 사슬의 고리가 꽃잎 위에 겹쳐진다.

11 4단을 완성한 모습.

12 꽃잎에 겹쳐진 사슬의 고리를 꽃잎 아래로 이동시킨다.

13 5단은 3단의 꽃잎을 앞쪽으로 젖히면서 뜬다. 사슬뜨기 전체에 걸어 도안대로 뜬다.

14 5단을 완성한 모습.

15 8~14번 과정대로 6~7단을 뜬다.

16 사슬 15코를 뜨면 꽃 모티브가 완성된다.

링 모티브를 뜬다

1 링 안에 바늘을 넣고 바늘코에 실을 건다.

2 화살표처럼 바늘코를 빼낸다.

3 기둥코의 사슬을 완성한 모습.

4 링 안에 바늘을 넣어 짧은뜨기가 필요한 코의 수만큼 뜬다.

볼 모티브를 뜬다

5 시작코의 짧은뜨기 머리에 바늘을 넣었다가 빼내어 마무리한다.

6 사슬 15코를 뜨면 링 모티브가 완성된다.

1 '원형뜨기로 시작'의 방법(p.40)을 참조하여 1단을 뜬다.

2 ✢ **짧은뜨기 2코를 넣어 뜬다**
2단은 1코에 짧은뜨기 2코를 넣어 뜬다. 앞단의 짧은뜨기의 머리에 짧은뜨기 1코를 뜬다(왼쪽). 같은 방법으로 같은 코에 한 번 더 짧은뜨기를 한다(오른쪽).

3

도안대로 코를 늘리면서 2~3단을 뜬다. 사진은 3단을 완성한 모습.

4

4~8단은 코를 늘리지 않고 뜬다.

5

✢ **짧은뜨기 2코 모아뜨기**

스티로폼을 넣고 9단은 짧은뜨기 2코 모아뜨기를 한다. 사슬 1코로 기둥코를 세우고 앞단의 짧은뜨기의 머리에 바늘을 넣고 실을 걸어 빼낸다.

6

같은 모양으로 앞단 옆의 짧은뜨기의 머리에 바늘을 넣고 바늘코에 실을 걸어 빼낸다. 바늘코에 실을 걸어 한 번에 빼낸다.

7

짧은뜨기 2코 모아뜨기를 뜬 모습.

8

도안대로 코를 줄이면서 9~10단을 뜬다.

9

실을 100cm(고리가 달린 것은 200cm) 정도 남기고 자른다. 돗바늘에 실을 꿰어 뜨개 바탕에 찔러 넣어 대각선으로 꿰맨다.

10

실을 잡아당겨 조인다. 뜨개 바탕이 느슨해지지 않도록 중심을 한 번 더 꿰매어 매듭짓는다.

11

이음매에 코바늘을 넣어 바늘코에 실을 걸어 빼낸다.

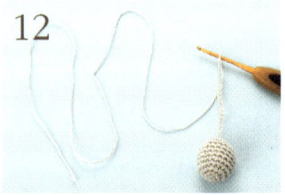

12

사슬 15코를 뜬다. 사진은 볼 모티브를 완성한 모습.

꽃, 링, 볼을 연결하는 법

1

꽃 모티브의 6단의 짧은뜨기의 머리에 바늘을 넣는다. 바늘코에 링의 실을 걸어 빼뜨기를 한다.

2

링의 15번째 사슬코에 바늘을 넣어 빼뜨기를 한다.

3

사슬코를 빼뜨기한다. 사진은 꽃과 링 모티브를 연결한 모습.

4

볼도 같은 요령으로 링의 짧은뜨기의 머리에 바늘을 넣어 연결한다.

5

꽃, 링, 볼을 연결한 모습.

볼에 연결할 때는 첫 번째 단의 짧은뜨기에서 빼낸다.

✤ p.5, 40

모티브를 연결한 원 도일리

완성 치수 도안 참조

준비 도구

실　18번 정도의 면사(올림퍼스 에이미 그란데)
　　오프화이트(851) … 15g

바늘　2/0호 코바늘
　　　돗바늘

모티브 사이즈 지름 5.5cm

뜨는 법

◎ 실은 한 가닥으로 뜬다.

1 모티브는 원형뜨기를 하여 링을 만들어 도안대로 4단을 뜬다.

2 2장째부터는 마지막 단에서 빼뜨기로 연결하면서 총 9장의 모티브를 뜬다.

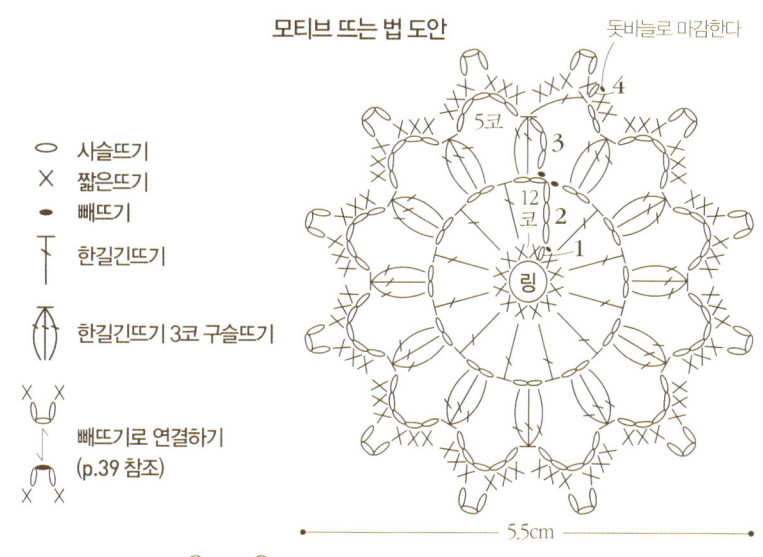

○ 사슬뜨기
× 짧은뜨기
● 빼뜨기
┼ 한길긴뜨기
♉ 한길긴뜨기 3코 구슬뜨기
빼뜨기로 연결하기
(p.39 참조)

모티브 연결법

※ 동그라미 안의 숫자는 모티브를 연결하는 순서다.

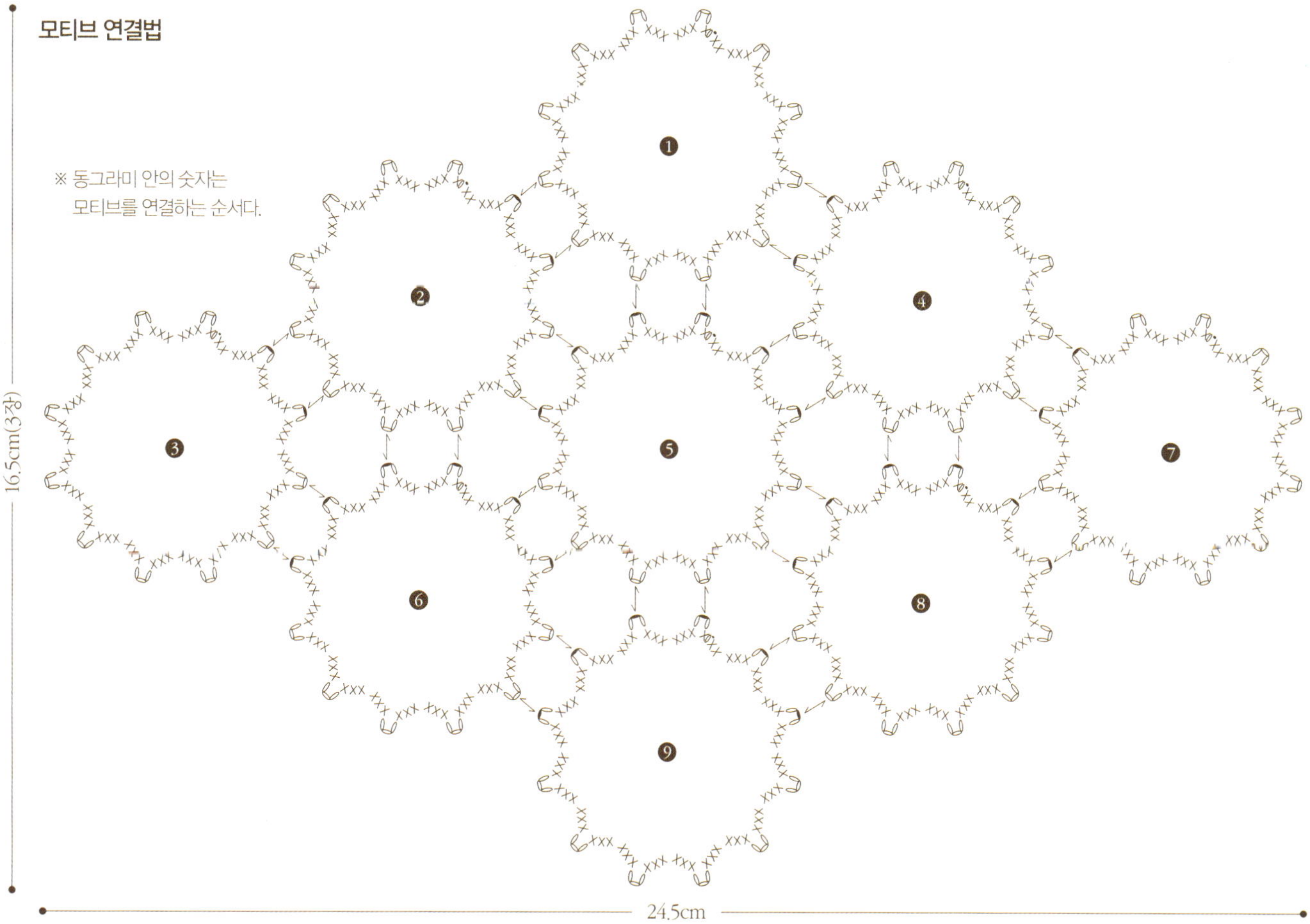

16.5cm(3장)

24.5cm

◆ p.6
모티브를 연결한 사각 도일리

완성 치수 도안 참조

준비 도구
실 가는 타입의 면사(해피 코튼코너 파인)
   오프화이트(302) … 22g
   핑크 베이지(303) … 14g
바늘 2/0호 코바늘
   돗바늘

모티브 사이즈 가로·세로 7cm의 사각형

뜨는 법
◎ 실은 한 가닥으로 뜬다.
1 모티브는 핑크 베이지로 사슬 8코를 떠서 링을 만들고, 배색을 해가며 도안대로 5단을 뜬다.
2 2장째부터는 마지막 단을 짧은뜨기로 연결하면서, 총 12장의 모티브를 뜬다.

모티브 배치도
(모티브 연결) 12장

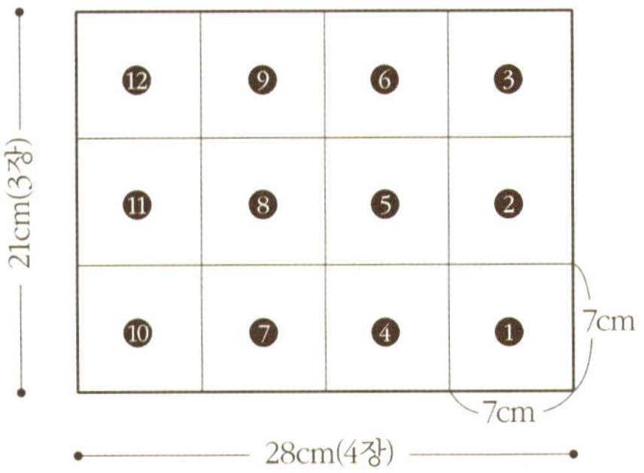

21cm(3장) × 28cm(4장), 7cm × 7cm

※ 동그라미 안의 숫자는 모티브를 연결하는 순서다.

모티브 배색

5단	핑크 베이지
2~4단	오프화이트
1단	핑크 베이지

○ 사슬뜨기
● 빼뜨기
┬ 한길긴뜨기
⊥ 한길긴뜨기 2코 구슬뜨기
× 짧은뜨기
▲ 실을 자른다
△ 실을 끼운다

먼저 연결한 짧은뜨기에 떠서 연결한다.

짧은뜨기로 뜨면서 연결한다 (p.39 참조)

모티브 뜨는 법과 연결법 도안

돗바늘로 마감한다

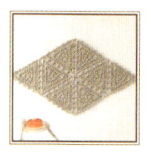

p.7

모티브를 연결한 삼각 도일리

완성 치수 도안 참조

준비 도구

실 중간 굵기의 면마 혼방사(올림퍼스 리넨 내추르) 옅은 베이지(2) … **32g**

바늘 4/0호 코바늘
돗바늘

모티브 사이즈 삼각형 한 변의 길이 10.5cm

뜨는 법

◎ 실은 한 가닥으로 뜬다.

1 모티브는 링을 만들어 도안대로 4단을 뜬다.

2 2장째부터는 마지막 단에서 빼뜨기로 연결하면서, 총 8장을 뜬다.

모티브 뜨는 법과 연결법 도안

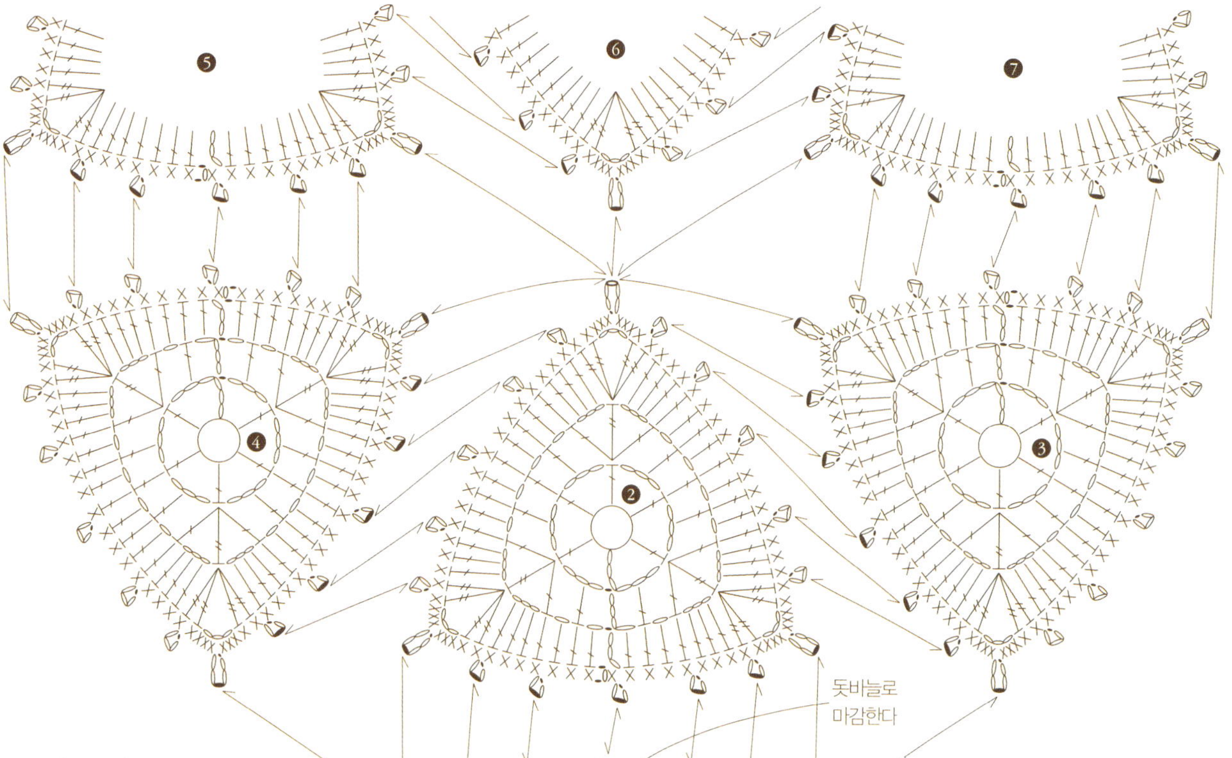

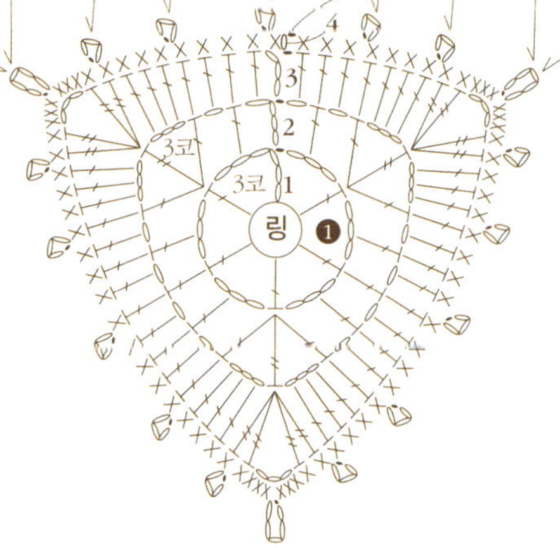

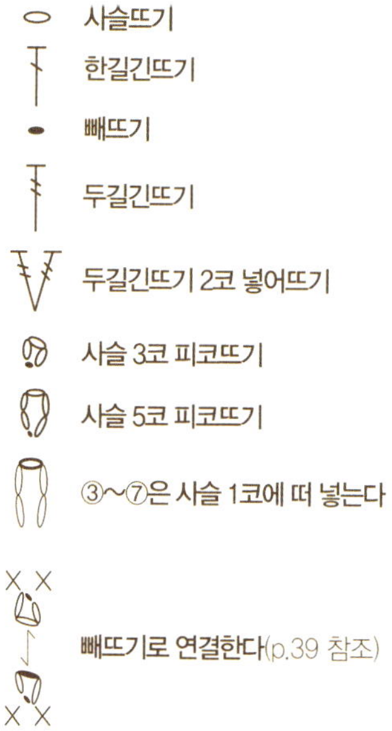

⑤
⑥
⑦
④
②
③

①
돗바늘로 마감한다
4
3
2
1
3코
3코
링

사슬뜨기
한길긴뜨기
빼뜨기
두길긴뜨기
두길긴뜨기 2코 넣어뜨기
사슬 3코 피코뜨기
사슬 5코 피코뜨기
③~⑦은 사슬 1코에 떠 넣는다
빼뜨기로 연결한다(p.39 참조)

모티브 배치도 (모티브 연결) 8장

⑧
⑥
⑤
⑦
④
②
③
①
10.5cm
9.5cm
38cm(4장)
21cm(2장)

※ 동그라미 안의 숫자는 모티브를 연결하는 순서다.

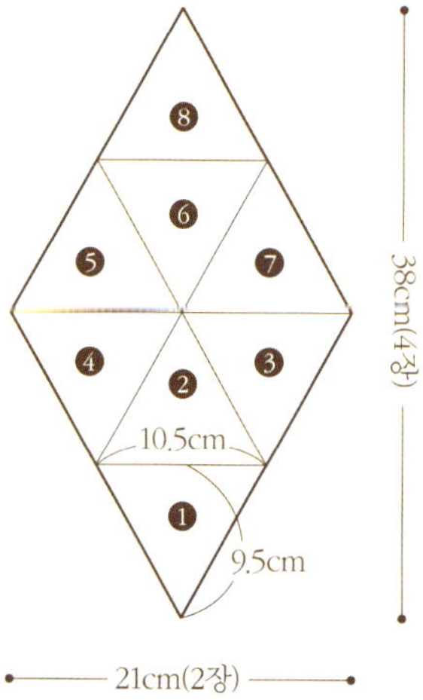

✤ p.8

모티브를 연결한 육각 도일리

완성 치수 도안 참조

준비 도구
- 실 8번 정도의 면사(올림퍼스 에이미 그란데 허브스)
  - 연두색(273) … 9g
  - 아이보리(732) … 5g
- 바늘 2/0호 코바늘
  - 돗바늘

모티브 사이즈 육각형 한 변의 길이 3.5cm

뜨는 법
◎ 실은 한 가닥으로 뜬다.
1. 모티브는 아이보리로 사슬 5코를 떠서 링을 만들고 3단부터 색을 바꾸어 도안대로 4단까지 뜬다.
2. 2장째부터는 마지막 단에서 빼뜨기로 연결하면서 총 7장을 뜬다.

모티브 뜨는 법과 연결법 도안

○	사슬뜨기
●	빼뜨기
×	짧은뜨기
	긴뜨기 3코 구슬뜨기
	한길긴뜨기 3코 구슬뜨기
	사슬 3코 피코뜨기
	두길긴뜨기
◀	실을 자른다
◁	실을 끼운다
	빼뜨기로 연결한다 (p.39 참조)

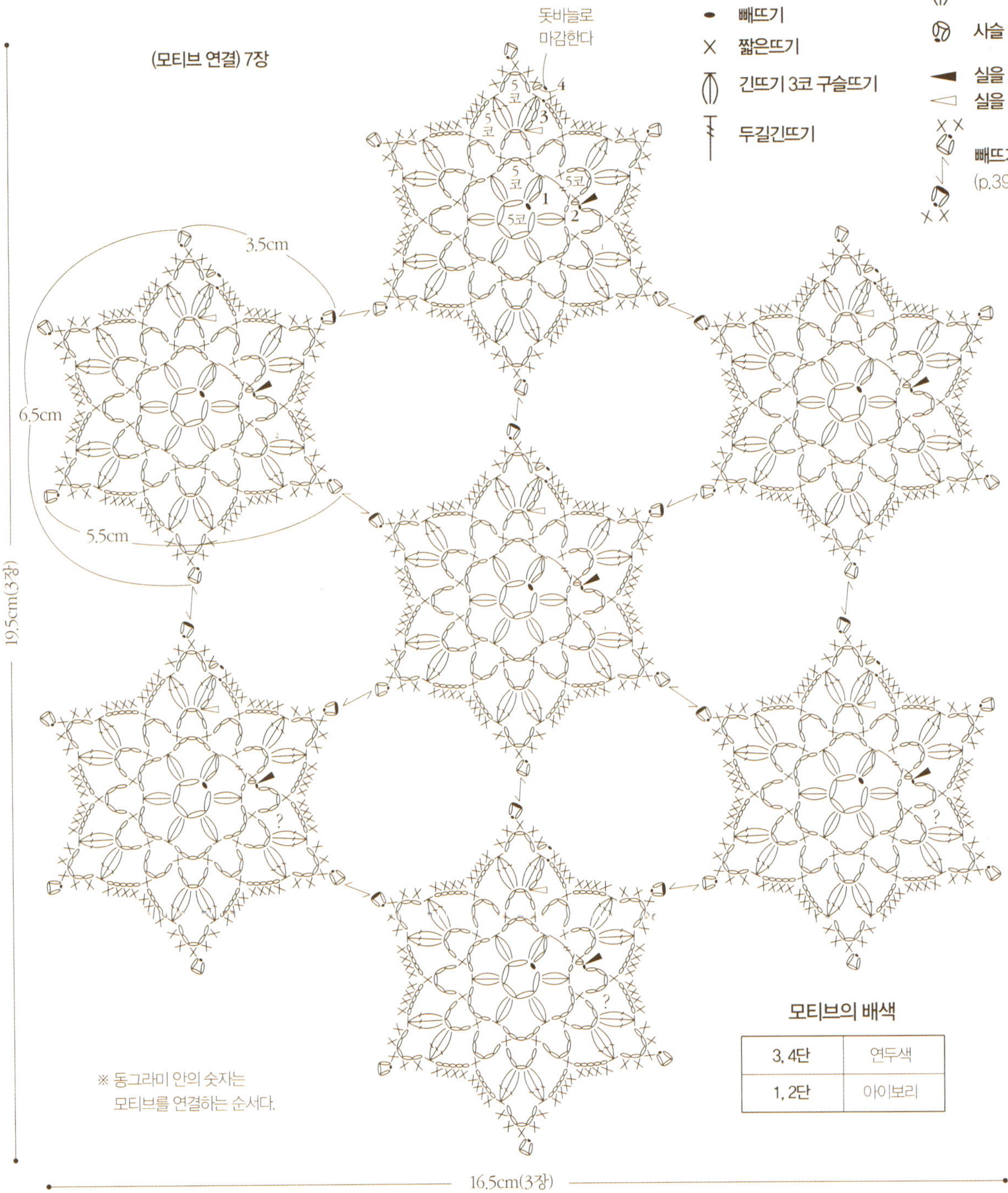

(모티브 연결) 7장

3.5cm
6.5cm
5.5cm
19.5cm(3장)
16.5cm(3장)

돗바늘로 마감한다

※ 동그라미 안의 숫자는 모티브를 연결하는 순서다.

모티브의 배색

3, 4단	연두색
1, 2단	아이보리

✤ p.9

모티브를 연결한 팔각&꽃 도일리

완성 치수 도안 참조

준비 도구

실　가는 타입의 면사(해피 코튼코너 파인)
　　오프화이트(302) … 11g
　　진남색(315) … 6g
　　옅은 베이지(319) … 5g
바늘　0호 레이스용 코바늘
　　돗바늘

모티브 사이즈

A 2.5cm
B 팔각형 한 변의 길이 3cm

뜨는 법

◎ 실은 한 가닥으로 뜬다.

1 먼저 모티브 A를 4장 뜬다. 모티브 A, B에 링을 만들어 색을 바꿔가면서 도안대로 뜬다.

2 모티브 B는 마지막 단에서 1장은 A를, 2장부터는 A와 B를 빼뜨기로 연결하면서 총 9장을 뜬다.

모티브 배치도 (모티브 연결)

A 4장 : 먼저 떠서 둔다.
B 9장 : 괄호 안의 숫자순으로 뜬다.

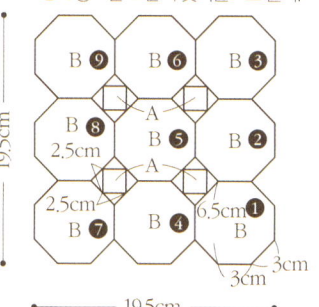

모티브의 배색

	단	색
A	2단	옅은 베이지
	1단	짙은 남색
B	5단	짙은 남색
	3, 4단	오프화이트
	1, 2단	옅은 베이지

기호

- ○ 사슬뜨기
- × 짧은뜨기
- • 빼뜨기
- ┼ 한길긴뜨기
- 한길긴뜨기 2코 구슬뜨기
- 두길긴뜨기
- 한길긴뜨기 2코 모아뜨기
- 사슬 3코 피코뜨기
- ▼ 실을 자른다
- △ 실을 끼운다
- 빼뜨기로 연결한다 (p.39 참조)

모티브 A·B 뜨는 법과 연결법 도안

51

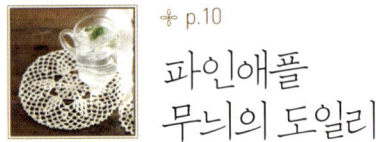

✤ p.10

파인애플 무늬의 도일리

완성 치수 지름 18.5cm

준비 도구
실　가는 타입의 면사
　　(올림퍼스 프티 마르셰 리넨&코튼)
　　아이보리(1) … 10g
바늘　2/0호 코바늘
　　돗바늘

게이지 한길긴뜨기 1단=1.1cm

뜨는 법
◎ 실은 한 가닥으로 뜬다.
링을 만들어 도안대로 6개의 무늬를 11단으로 뜬다.

뜨는 법 도안

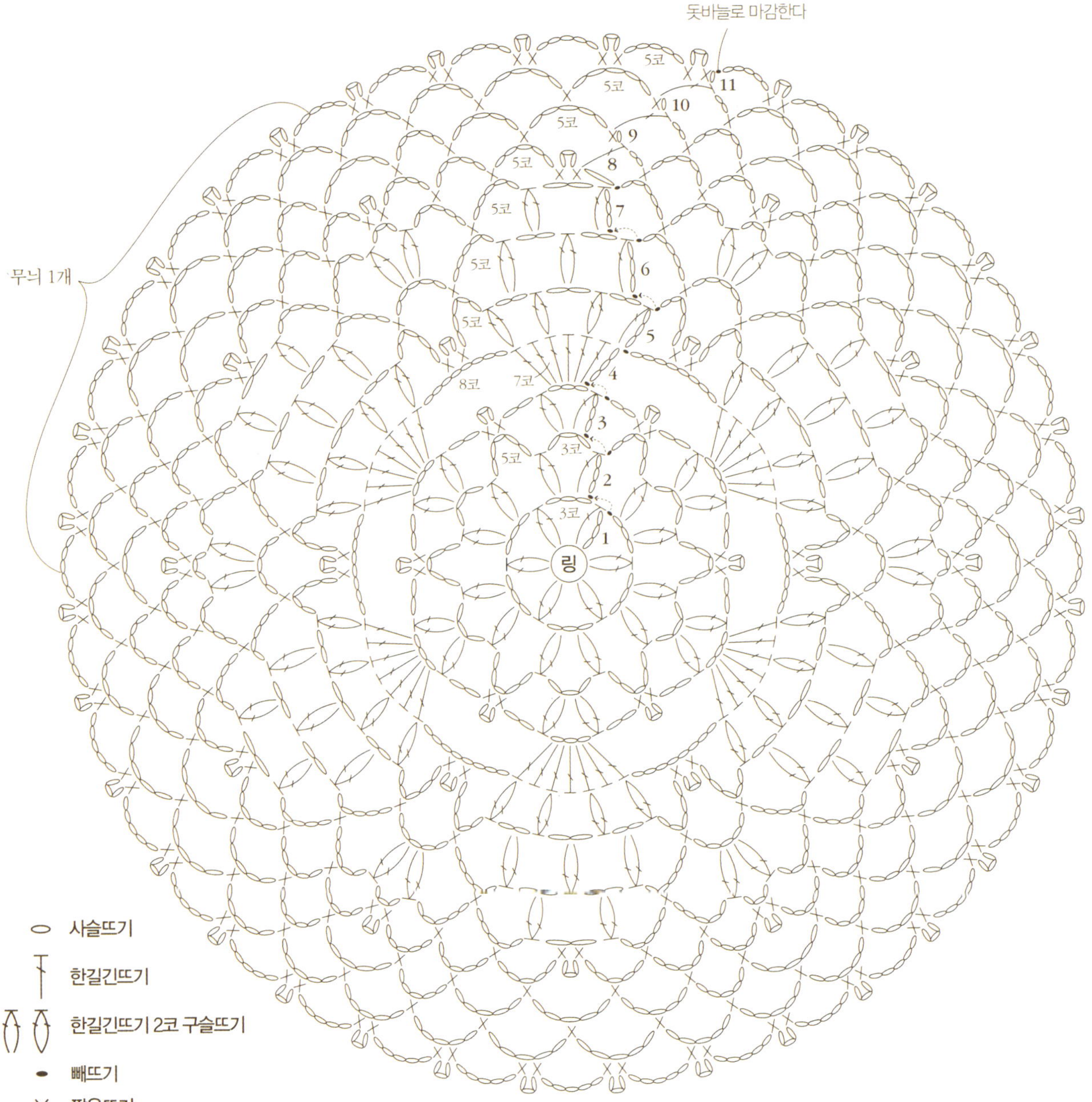

○ 사슬뜨기
┬ 한길긴뜨기
⋀ 한길긴뜨기 2코 구슬뜨기
• 빼뜨기
✕ 짧은뜨기

 p.11

도일리 & 보틀 커버

완성 치수
도일리 지름 19cm
보틀 커버 지름 20cm

준비 도구
실 18번 정도의 면사(올림퍼스 에이미 그란데 허브스)
   도일리 : 화이트(800) … 14g
   보틀 커버 : 아이보리(732) … 14g
비즈 둥근 펄 화이트 288개
바늘 0호 레이스용 코바늘
     돗바늘

게이지 한길긴뜨기 1단 = 0.8cm

뜨는 법
◎ 실은 한 가닥으로 뜬다.
○ 도일리
  모티브는 링을 만들어 도안대로 8개의 무늬를 12단으로 뜬다.
○ 보틀 커버
  11단까지는 도일리와 같은 모양으로 뜬 다음 실을 잘라낸다. 12단은 실에 비즈를 끼워 도안대로 뜬다.
※ 비즈는 모양이 똑같이 않을 수도 있으므로 미리 넉넉히 끼워 두고 뜨기 시작하면 편리하다.

기호

- ○ 사슬뜨기
- 사슬 4코 피코뜨기
- ┬ 한길긴뜨기
- ┬ 긴뜨기
- • 빼뜨기
- × 짧은뜨기
- 두길긴뜨기
- ▶ 실을 자른다
- ▷ 실을 끼운다

뜨는 법 도안

보틀 커버에 비즈 다는 법
※ 11단까지는 도일리와 동일

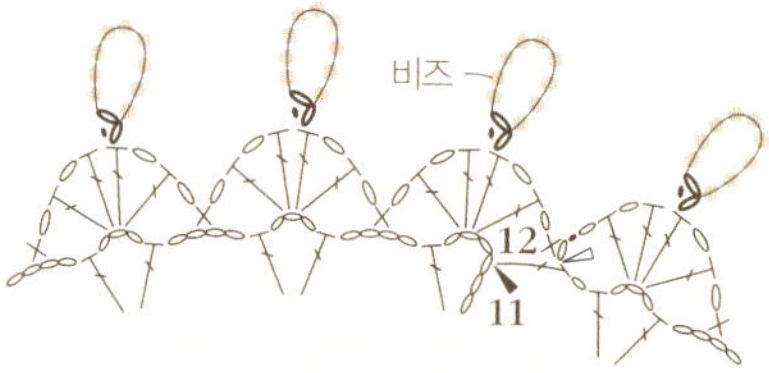

두 번째 한길긴뜨기를 뜨면서 사슬 1코를 뜨고 비즈 9개를 끼운 다음, 다시 사슬 1코를 떠서 한길긴뜨기의 머리에 넣어 빼뜨기를 한다.

비즈 끼우는 법

실로 꿰어 있는 비즈의 경우

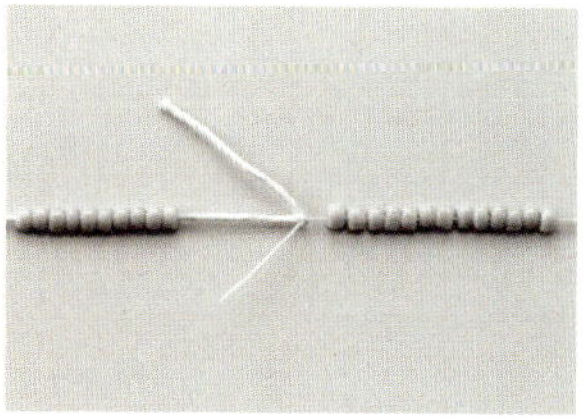

비즈의 실과 뜨개실을 묶은 후 비즈를 뜨개실로 이동시킨다.

낱개 비즈의 경우

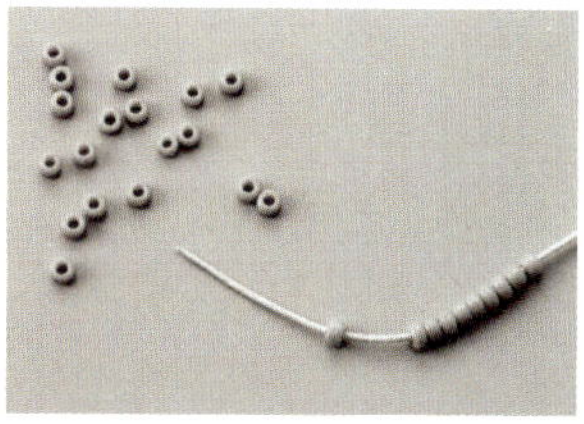

실 끝을 어슷하게 잘라 본드로 딱딱하게 만든 후 비즈를 끼운다.

♣ p.12

잎사귀 무늬의 도일리

완성 치수 지름 20cm

준비 도구
실 18번 정도의 면사(올림퍼스 에이미 그란데)
  오프화이트(851) … 15g
바늘 2/0호 코바늘
  돗바늘

게이지 한길긴뜨기 1단=0.9cm

뜨는 법
◎ 실은 한 가닥으로 뜬다.

사슬 6코를 떠서 링을 만들고 도안대로 8개의 무늬를 12단 뜬다. 5~12단의 기둥코 위치를 빼뜨기로 이동할 때는 앞단의 사슬뜨기 전체에 걸어 빼낸다.

뜨는 법 도안

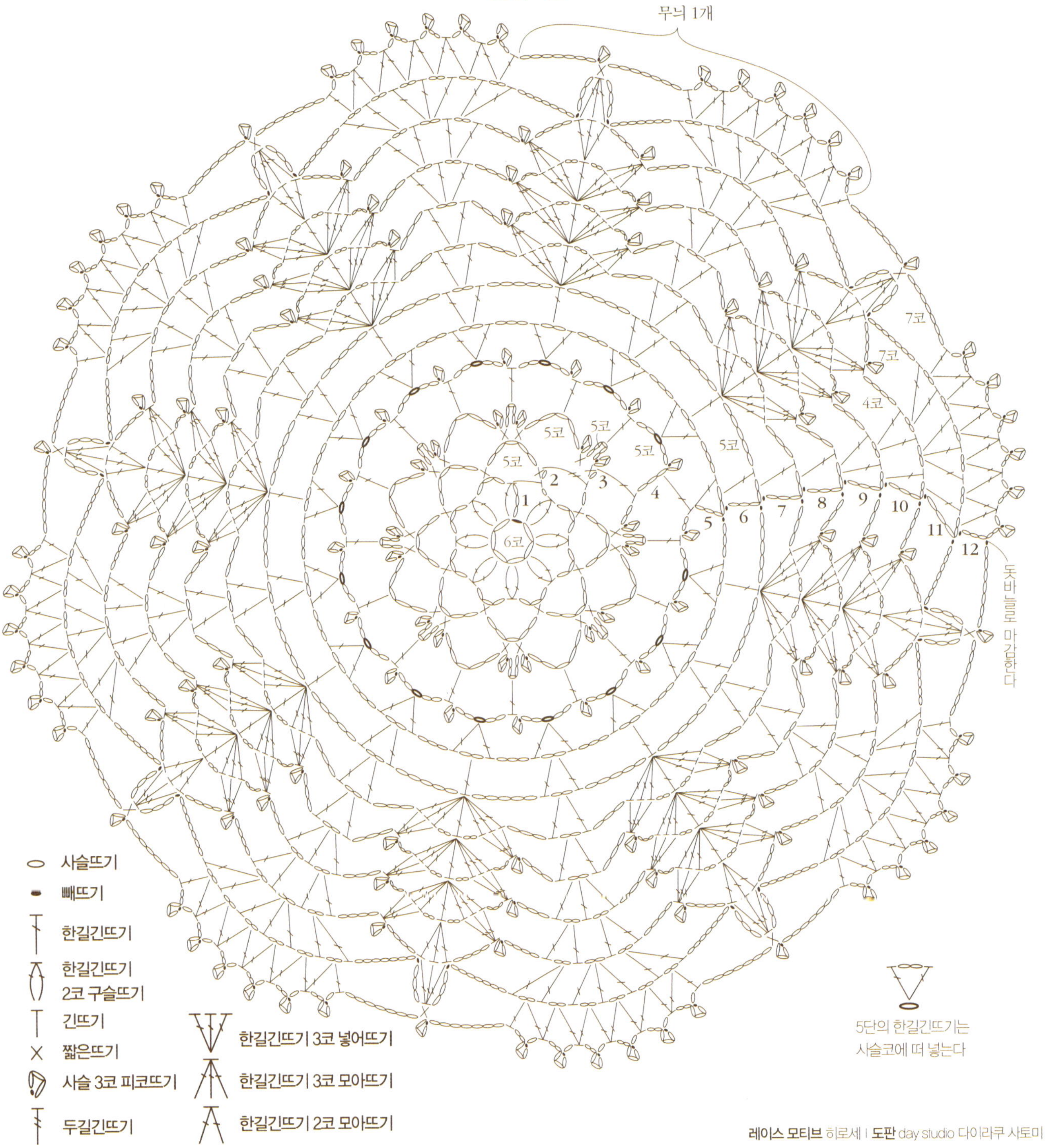

무늬 1개

○ 사슬뜨기
● 빼뜨기
┬ 한길긴뜨기
┬ 한길긴뜨기 2코 구슬뜨기
┬ 긴뜨기
× 짧은뜨기
⚟ 사슬 3코 피코뜨기
⫪ 두길긴뜨기
⩘ 한길긴뜨기 3코 넣어뜨기
⩘ 한길긴뜨기 3코 모아뜨기
⋀ 한길긴뜨기 2코 모아뜨기

5단의 한길긴뜨기는 사슬코에 떠 넣는다

돗바늘로 마감한다

레이스 모티브 히로세 | 도판 day studio 다이라쿠 사토미

✤ p.13

사각 도일리

완성 치수 가로·세로 21cm의 사각형

준비 도구

실　가는 타입의 면사(하마나카 티티 클로셰)
　　오프화이트(2) … 24g
바늘　2/0호 코바늘
　　　돗바늘

게이지 한길긴뜨기 1단=0.8cm

뜨는 법

◎ 실은 한 가닥으로 뜬다.
사슬 8코를 떠서 링을 만들고 도안대로 17단을 뜬다.

뜨는 법 도안

○ 사슬뜨기　● 빼뜨기　2길 긴뜨기 3코 구슬뜨기　한길긴뜨기　× 짧은뜨기

한길긴뜨기 3코 모아뜨기　한길긴뜨기 2코 모아뜨기　사슬 3코 피코뜨기

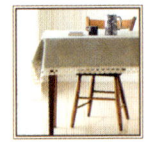

p.14

테이블클로스

완성 치수 도안 참조

준비 도구

실 18번 정도의 면사(올림퍼스 에이미 그란데 허브스) 아이보리(732) … 112g

그 외 마포 베이지 … 가로세로 107cm의 사각형
재봉틀용 실
자수용 실

바늘 2/0호 코바늘
돗바늘
자수용 바늘

모티브 사이즈 무늬뜨기 A 무늬 1개
14코 = 약 3.6cm, 7단 = 4.5cm

뜨는 법

◎ 실은 한 가닥으로 뜬다.

1 사슬 1,608코를 뜬다.

2 무늬뜨기 A를 왕복뜨기의 원형뜨기로, 도안대로 7단을 뜬다.

3 시작코에서 코를 주워 무늬뜨기 B를 원형뜨기로 1단을 뜬다.

4 가장자리 장식 사이즈에 맞춰 마포를 테이블클로스로 재봉하여 가장자리 장식을 자수용 실로 감친다.

치수 배치도

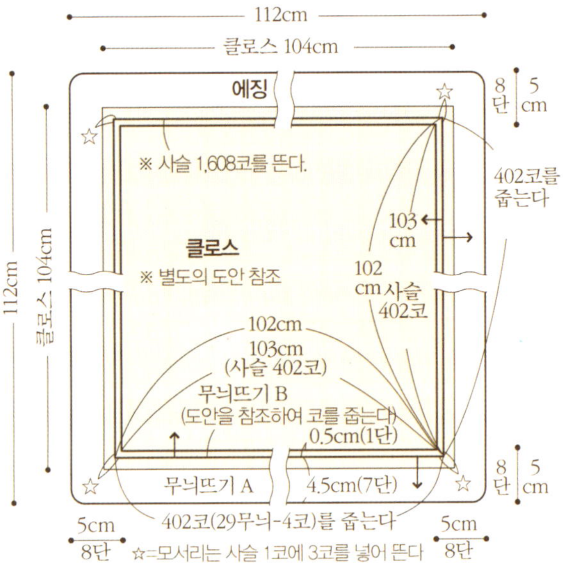

클로스 재봉법

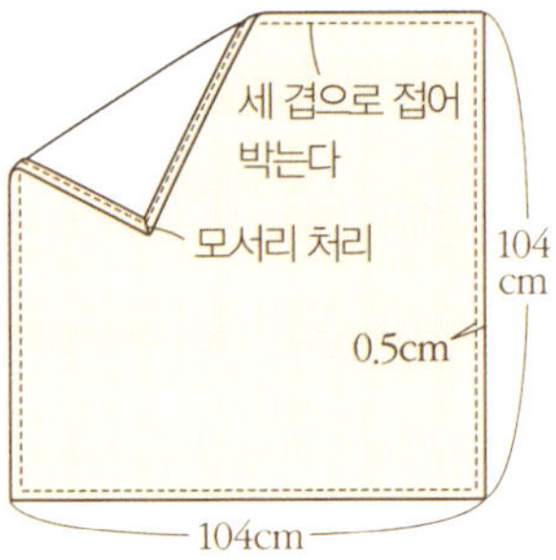

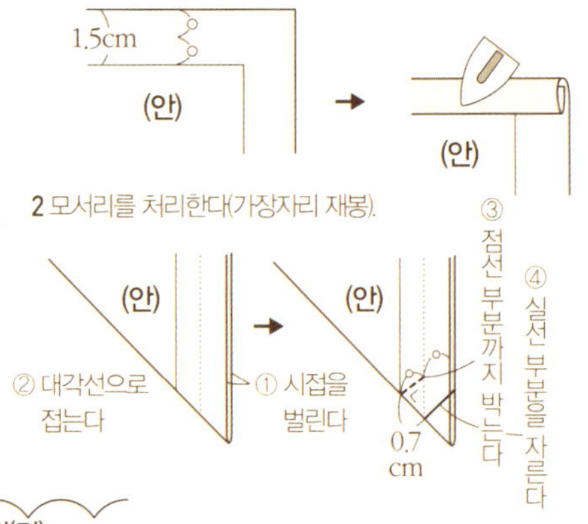

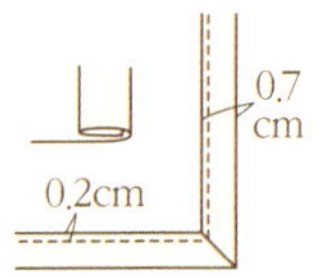

에징 다는 법

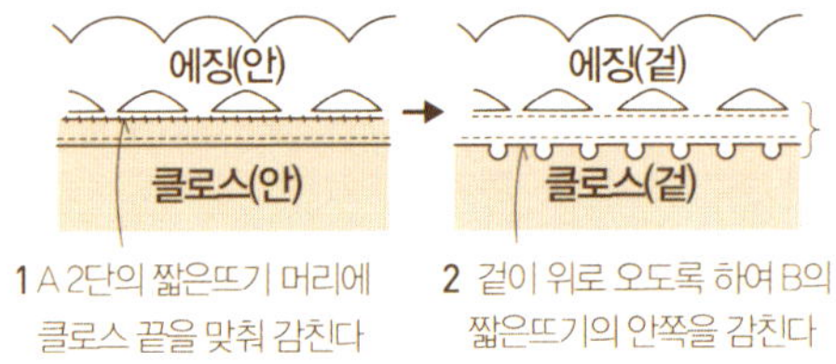

무늬뜨기 A·B 뜨는 법 도안

- 사슬뜨기
- 빼뜨기
- 짧은뜨기
- 짧은뜨기 3코 넣어뜨기
- 한길긴뜨기
- 한길긴뜨기 3코 구슬뜨기
- 두길긴뜨기
- 사슬 3코 피코뜨기
- 실을 자른다
- 실을 끼운다

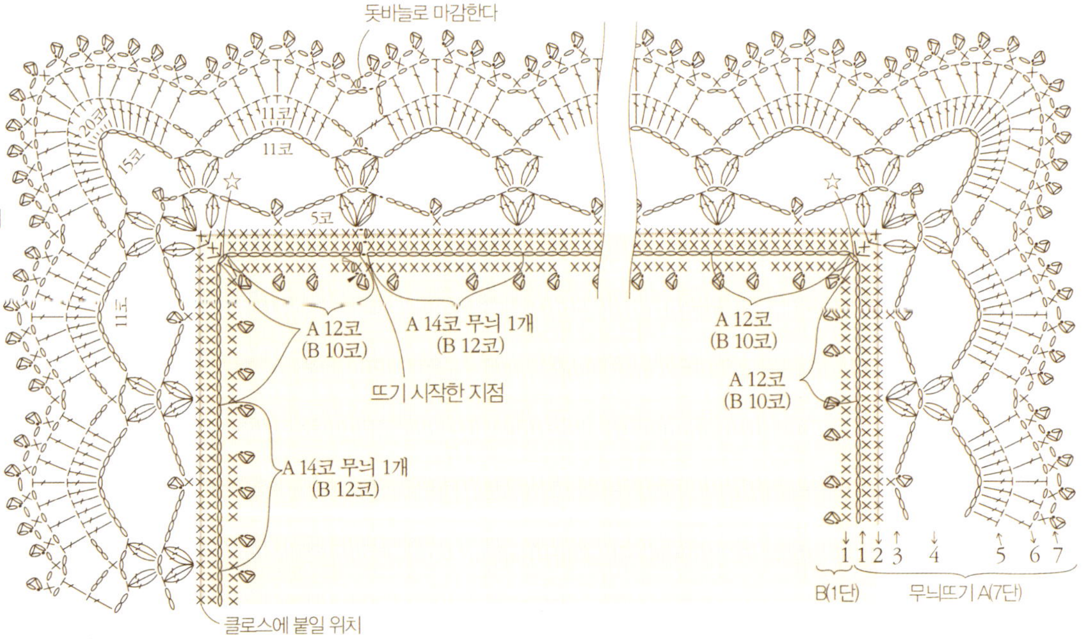

✿ p.15

커튼 코르사주

완성 치수 도안 참조

준비 도구
실　가는 타입의 면사(해피 코튼코너 파인)
　　오프화이트(302) … 6g
　　베이지 그레이(339) … 2g
　　베이지(331), 핑크 베이지(303) … 약간씩
그 외　나무 비즈 : 흰색, 지름 0.5cm 3개
　　레이스 : 흰색, 폭 0.7cm 3개
바늘　2/0호 코바늘
　　돗바늘

모티브 사이즈 꽃 : 지름 6.5cm
　　　　　　　 잎 : 도안 참조

뜨는 법
◎ 실은 한 가닥으로 뜨고, 도안대로 만든다.
○ 꽃
　핑크 베이지 실로 링을 만들고 색을 바꿔가면서 도안대로 7단을 뜬다.
○ 잎
　베이지 그레이 실로 도안대로 2장을 뜬다.
○ 브레이드
　오프화이트 실로 도안대로 뜬다.

뜨는 법 도안
꽃 1장

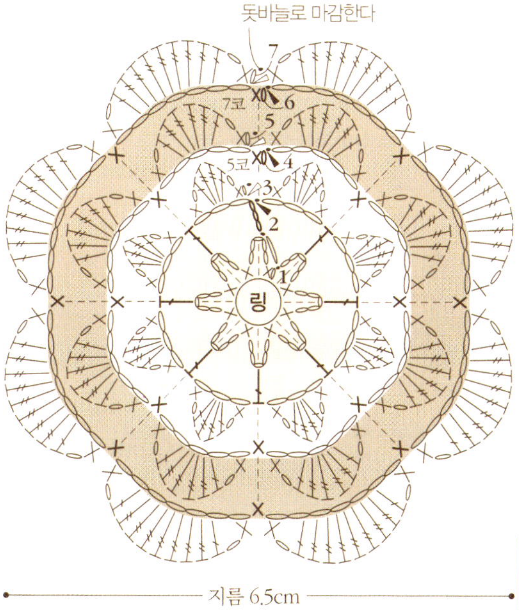

기호:
- ◯ 사슬뜨기
- × 짧은뜨기
- ● 빼뜨기
- ┬ 긴뜨기
- ╈ 한길긴뜨기
- ╪ 두길긴뜨기
- 앞단의 뒤쪽에서 뜨기 시작한 고리에 떠 넣는다
- × 앞단의 뒤쪽에서 앞, 앞단 코의 머리에 떠 넣는다
- ▶ 실을 자른다
- ◁ 실을 끼운다

꽃의 배색

7단	오프화이트
5, 6단	베이지
3, 4단	오프화이트
1, 2단	핑크 베이지

잎
베이지 그레이 2장

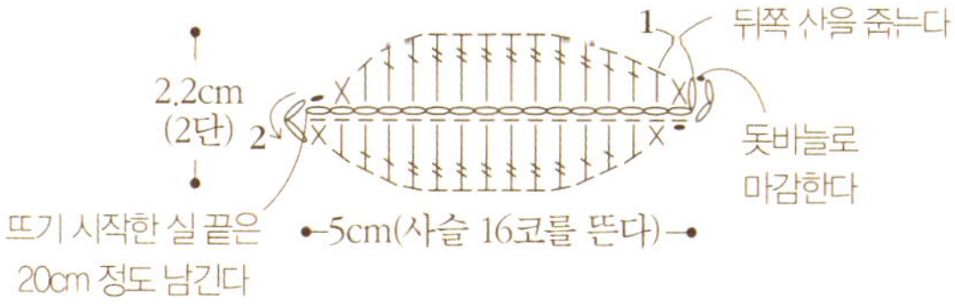

2.2cm (2단)
1단은 사슬코의 뒤쪽 산을 줍는다
돗바늘로 마감한다
뜨기 시작한 실 끝은 20cm 정도 남긴다
←5cm(사슬 16코를 뜬다)→

┬┬┬× 고랑뜨기

브레이드
오프화이트 1장

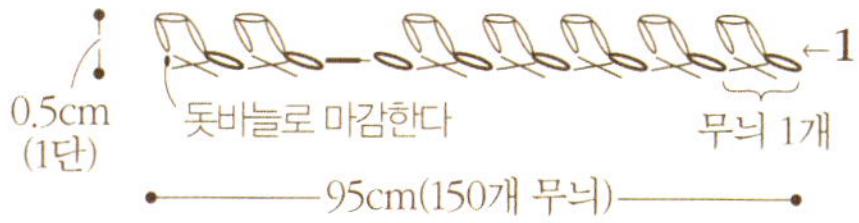

0.5cm (1단)
돗바늘로 마감한다
무늬 1개
←95cm(150개 무늬)→

사슬코의 윗코와 뒷산에 걸어 짧은뜨기를 한다

마무리하는 법

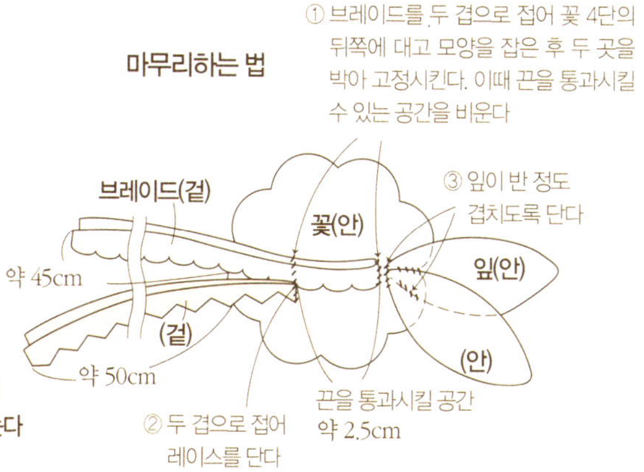

① 브레이드를 두 겹으로 접어 꽃 4단의 뒤쪽에 대고 모양을 잡은 후 두 곳을 박아 고정시킨다. 이때 끈을 통과시킬 수 있는 공간을 비운다

브레이드(겉)　꽃(안)
약 45cm
③ 잎이 반 정도 겹치도록 단다
잎(안)
(겉)　(안)
② 두 겹으로 접어 레이스를 단다
약 50cm
끈을 통과시킬 공간 약 2.5cm

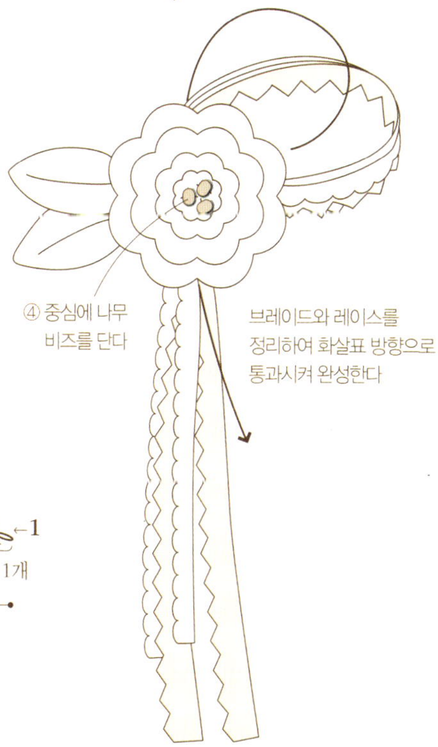

④ 중심에 나무 비즈를 단다

브레이드와 레이스를 정리하여 화살표 방향으로 통과시켜 완성한다

❖ p.16

모티브로 연결한 쿠션 커버

완성 치수 가로·세로 31cm의 사각형

준비 도구

실　중간 굵기의 두터운 면폴리에스테르 혼방사(하마나카 워시코튼 클로셰)
　　　그레이(118) … 78g
　　　화이트(102) … 18g
　　　핑크(113) … 18g
그 외 누드 쿠션, 가로·세로 30cm의 사각형 1개
　　　단추, 지름 1cm 7개
　　　자수용 실

바늘　2/0호, 3/0호 코바늘
　　　돗바늘
　　　자수용 바늘

모티브 사이즈 가로·세로 7cm의 사각형

뜨는 법

◎ 실은 한 가닥으로 뜬다.

1　모티브는 3/0호 코바늘로 지정된 컬러의 실로 뜬다. 링을 만들어 도안대로 5단을 뜬다.
2　2장째부터는 마지막 단까지 빼뜨기로 연결하면서 총 16장을 뜬다.
3　안과 겉에 각각 가장자리뜨기 A를 3/0호 코바늘로 1, 2단을 뜨고, 2/0호 코바늘로 3단을 뜬다.
4　겉면이 보이도록 겹쳐 가장자리뜨기 B를 연결하는데, 창구멍은 도안대로 따로 뜬다.
5　단추를 달고 쿠션을 넣는다.

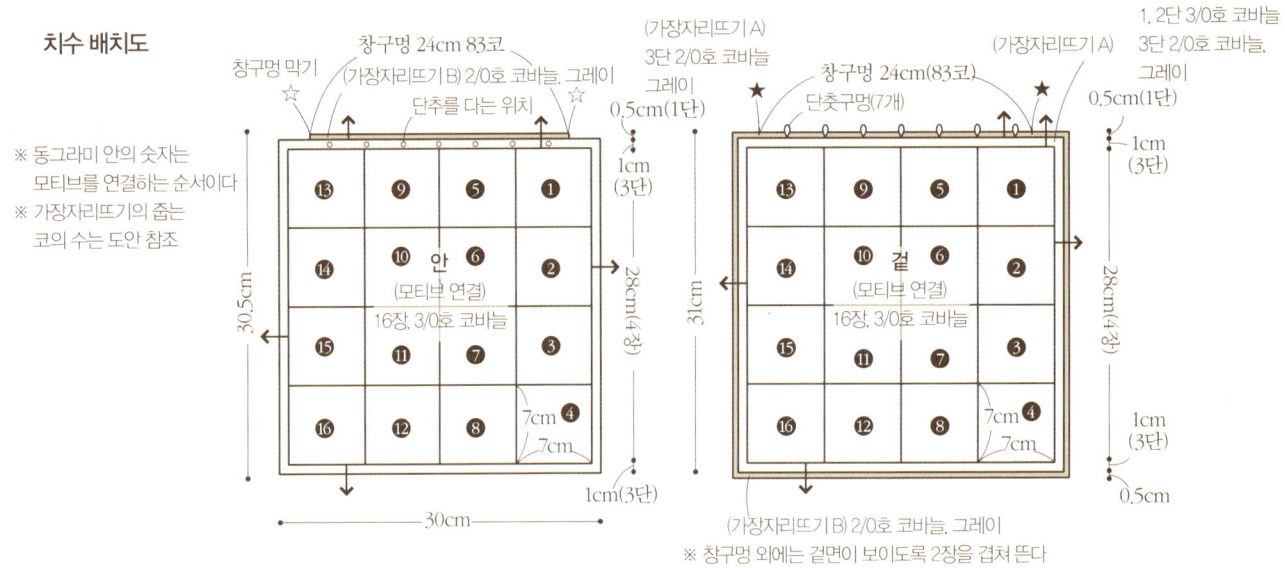

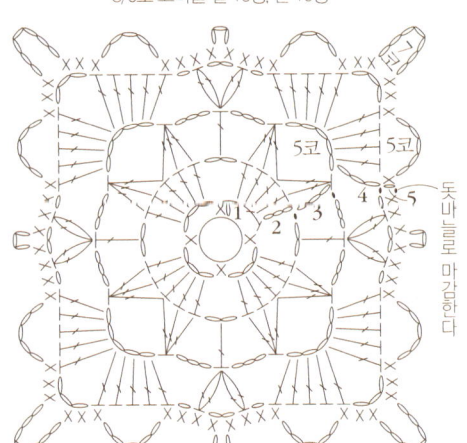

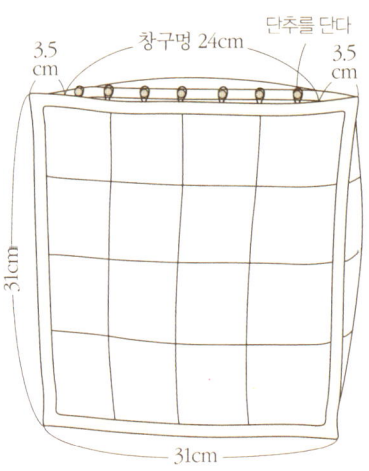

	겉	안
5단	그레이	
4단	핑크	그레이
1~3단	화이트	

모티브의 배색

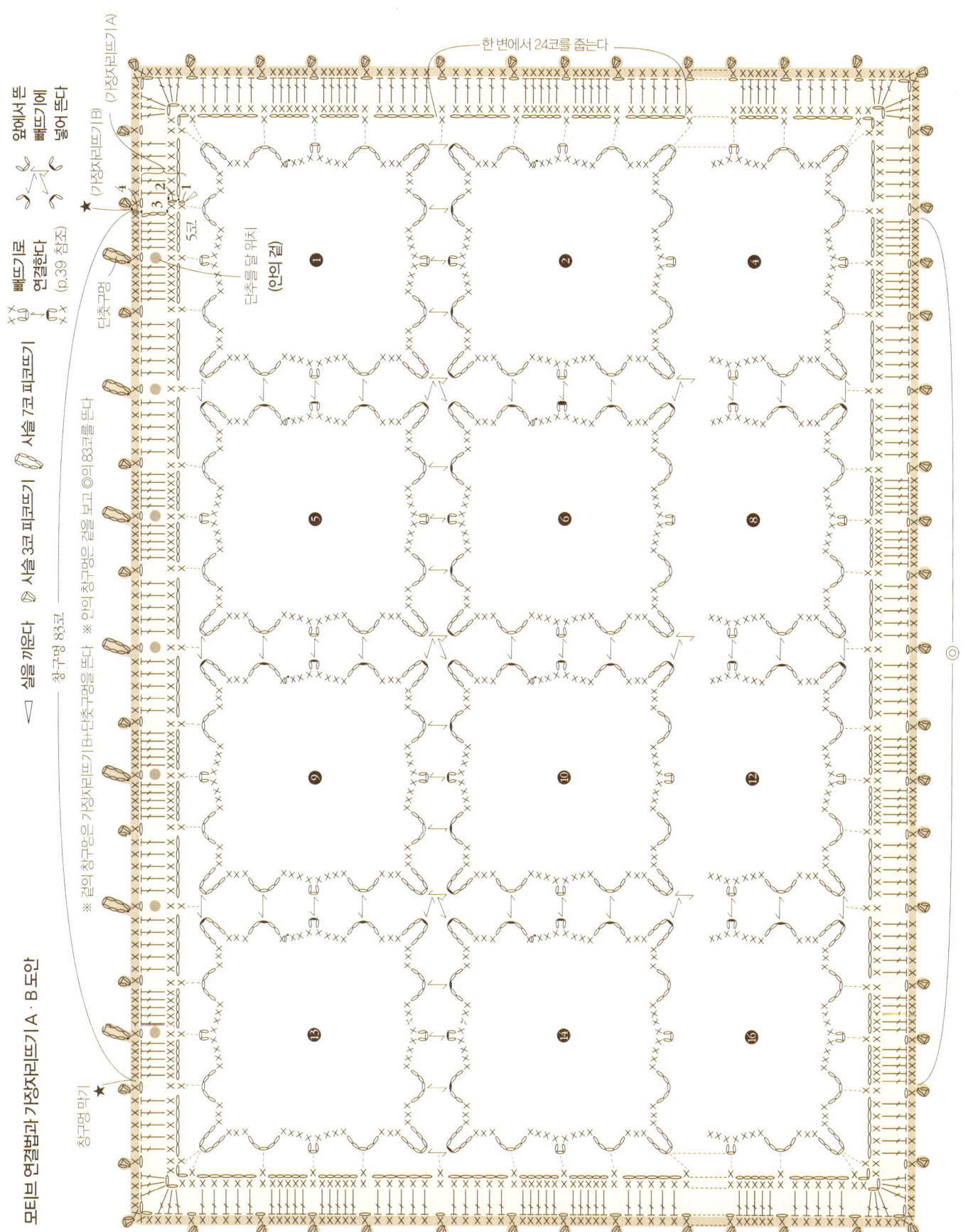

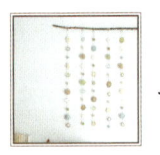

p.17, 44

오너먼트

완성 치수 도안 참조

준비 도구

실 가는 타입의 혼방사(호비라 호비레 오가닉 세이프)
화이트(11) … 24g
베이지(12) … 21g
하늘색(04) … 12g
연두색(03) … 11g

그 외 플라스틱 링 지름 3.5cm 19개
둥근 스티로폼 지름 2cm 18개

바늘 2/0호 코바늘, 돗바늘

모티브 사이즈

꽃 지름 5.2cm
링 지름 3.8cm
볼 지름 2.5cm

뜨는 법

◎ 모티브는 각각 지정된 색의 실로 한 가닥으로 뜨고, 계속하여 사슬뜨기(가장 위의 것만 고리로)로 떠서 총 55개를 만든다.

◎ 모티브를 연결할 때는 지정된 위치에 바늘을 넣어 빼뜨기로 연결하고, 오너먼트 5개를 만든다.

◌ 꽃
사슬 8코를 떠서 링을 만들고 도안대로 7단을 뜬다.

◌ 링
플라스틱 링을 짧은뜨기로 떠서 감싼다.

◌ 볼
링을 만들어 짧은뜨기 6코를 뜬다. 8단을 뜨고 나면 둥근 스티로폼을 넣어 마지막 단까지 뜬 후 실을 자르고 좁혀서 틈을 없애 꿰맨 다음 사슬뜨기를 한다.

뜨는 법 도안

고리 뜨는 법

- ○ 사슬뜨기
- • 빼뜨기
- × 짧은뜨기
- 짧은뜨기 2코 넣어뜨기
- 짧은뜨기 2코 모아뜨기
- 긴뜨기
- 한길긴뜨기
- ◀ 실을 자른다

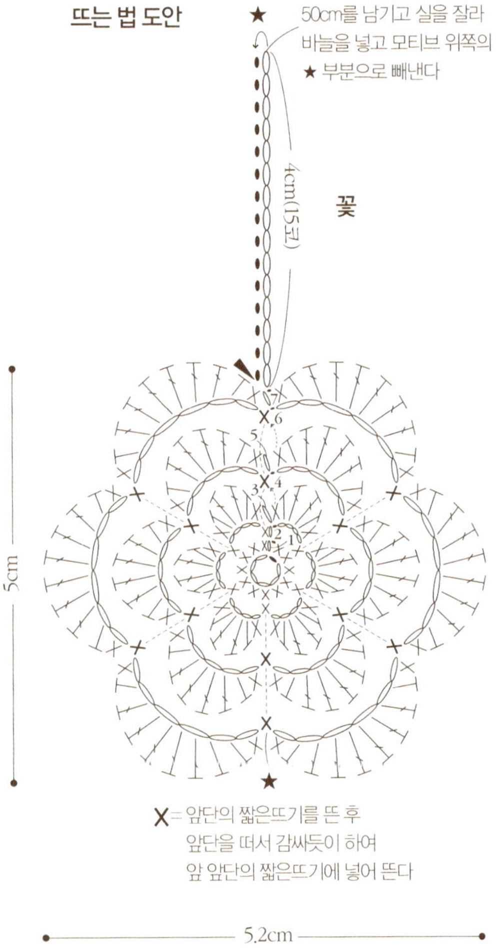

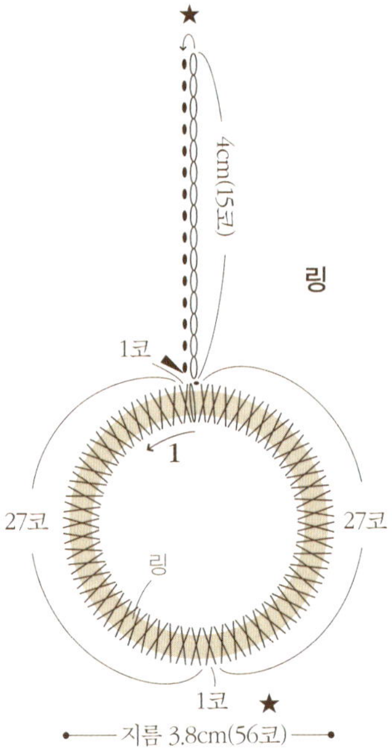

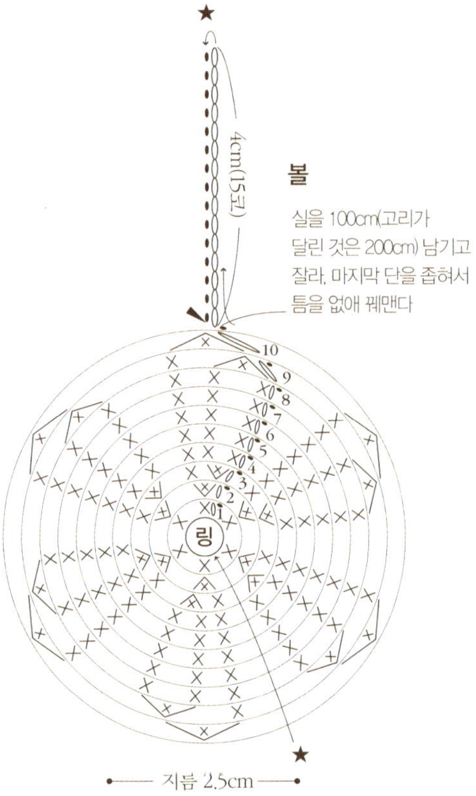

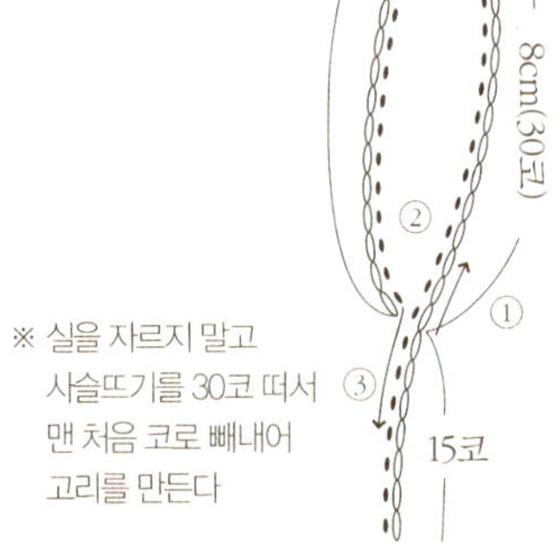

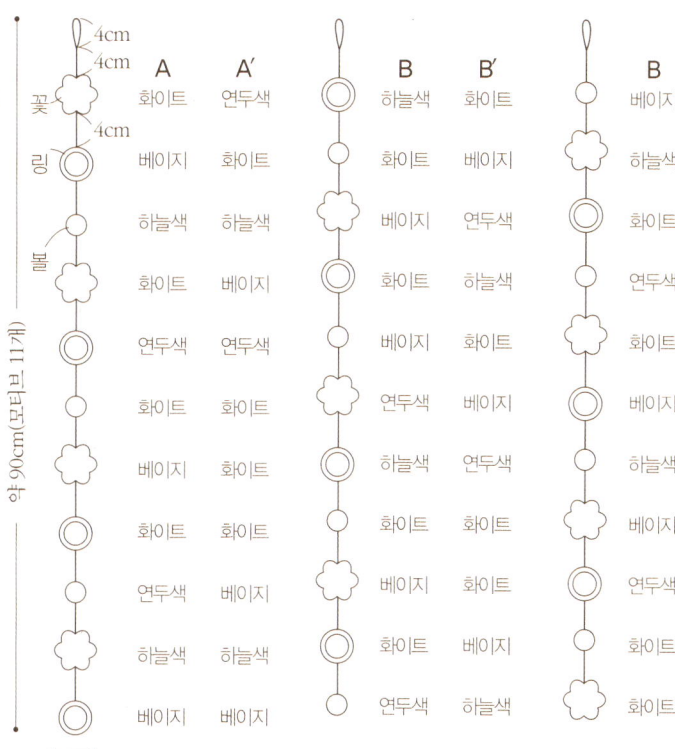

모티브의 종류와 개수					
	화이트	베이지	하늘색	연두색	합계
꽃	5+1	6	3	2+1	18개
링	6+1	5	2+1	4	19개
벌	7	3+1	4	3	18개

※ +1은 가장 위쪽(고리를 달) 모티브 55개

✤ p.29

슈즈 코르사주

완성 치수 도안 참조

준비 도구

- 실   가는 타입의 면사(해피 코튼코너 파인)
  - 베이지 그레이(339) … 8g
  - 그레이(340) … 2g
- 그 외   나무 비즈 지름 0.6cm 2개
  - 슈즈 링 2개
  - 자수용 실
- 바늘   2/0호 코바늘, 돗바늘, 자수용 바늘

모티브 사이즈 무늬 1개, 12코=약 3.4cm, 4단=4cm

뜨는 법

◎ 실은 한 가닥으로 2장을 뜬다.

1. 베이지 그레이로 사슬 97코를 뜬 다음 왕복뜨기 3단을 뜬다. 그레이 컬러로 실을 바꿔 4단을 떠서, 4단째의 시작코에서 빼내어 링을 만든다.
2. 첫째 단에 실 20cm를 통과시켜 꿰매고 뒤쪽에서 매듭을 짓는다.
3. 중심에 비즈를 달고 안쪽에 슈즈 링을 단다.

◆ p.18

모티브로 연결한 코바늘 케이스

완성 치수 도안 참조

준비 도구

실　중간 굵기의 면마 혼방사(올림퍼스 리넨 내추르)
　　화이트(1) … 29g
　　연갈색(3) … 3g
　　핑크(6) … 약간
그 외　마포, 흰색, 24cm×34cm
　　단추, 흰색, 지름 1.5cm 1개
　　자수용 실
바늘　4/0호 코바늘, 돗바늘, 자수용 바늘

모티브 사이즈 사각형 5.1cm

뜨는 법
◎ 실은 한 가닥으로 뜬다.
1 모티브는 지정된 컬러로 뜬다. 링을 만들어 도안대로 12장을 뜬다.
2 모티브를 반 코 감치기로 연결한다.
3 가장자리뜨기로 2단을 뜬다.
4 끈을 떠서 달고 단추를 단다.
5 천 포켓을 꿰매어 본체의 안쪽에 붙인다.

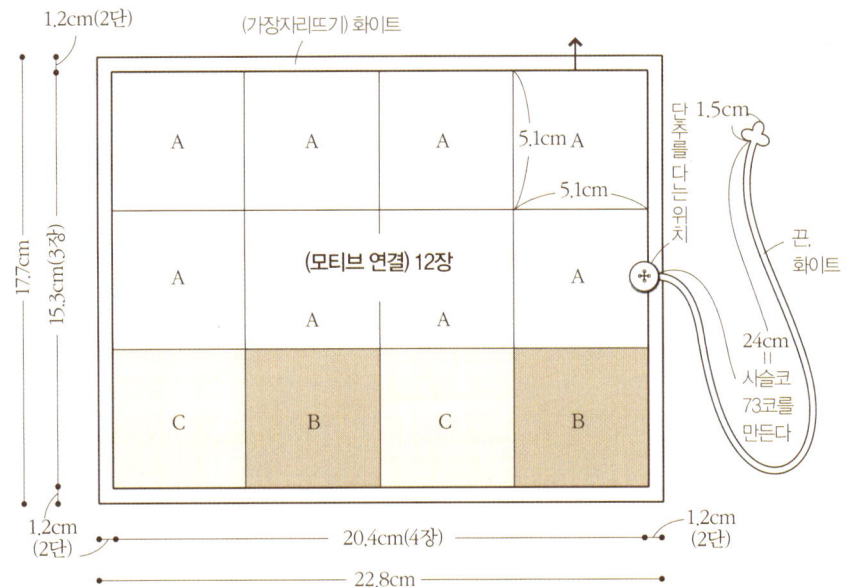

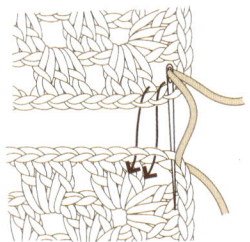

감치기(반 코) 사슬코를 바깥쪽을 줍는 경우

뜨개바탕을 맞붙여 사슬뜨기의 바깥쪽을 주워 한 코씩 감친다

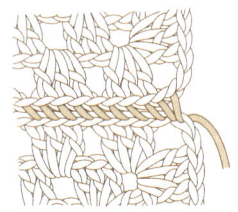

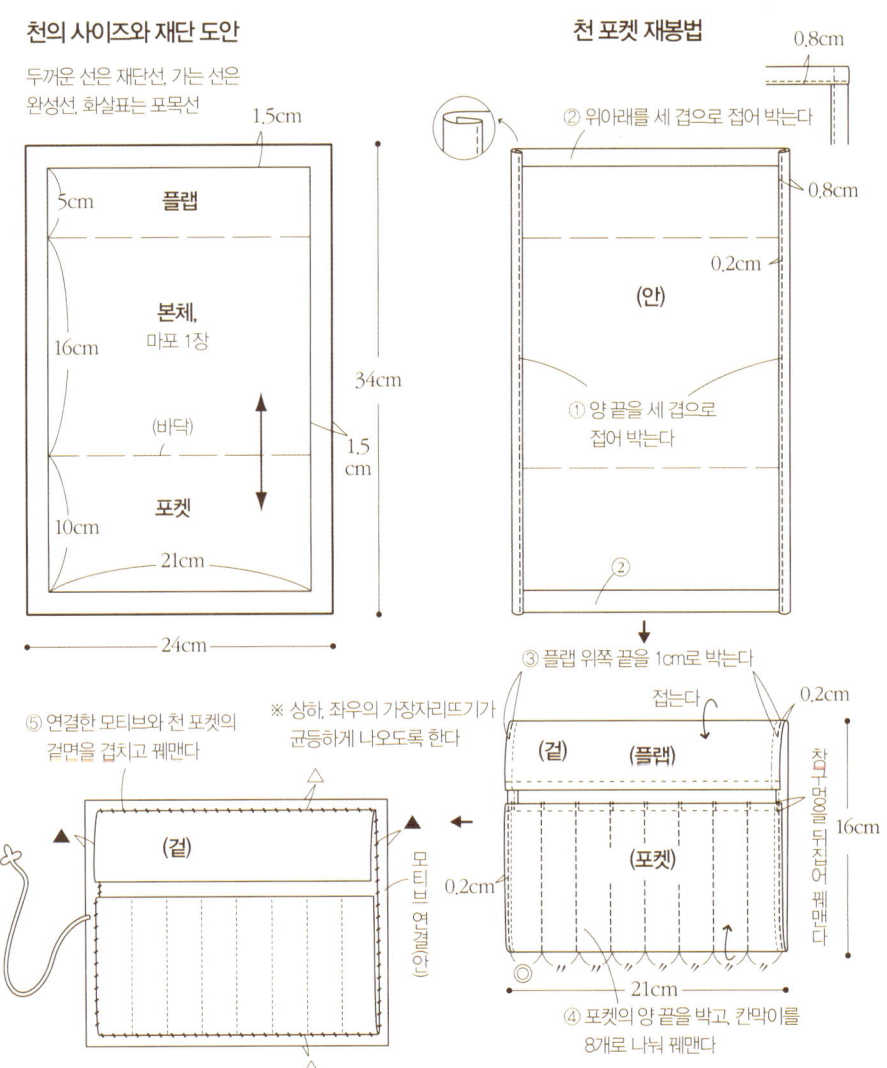

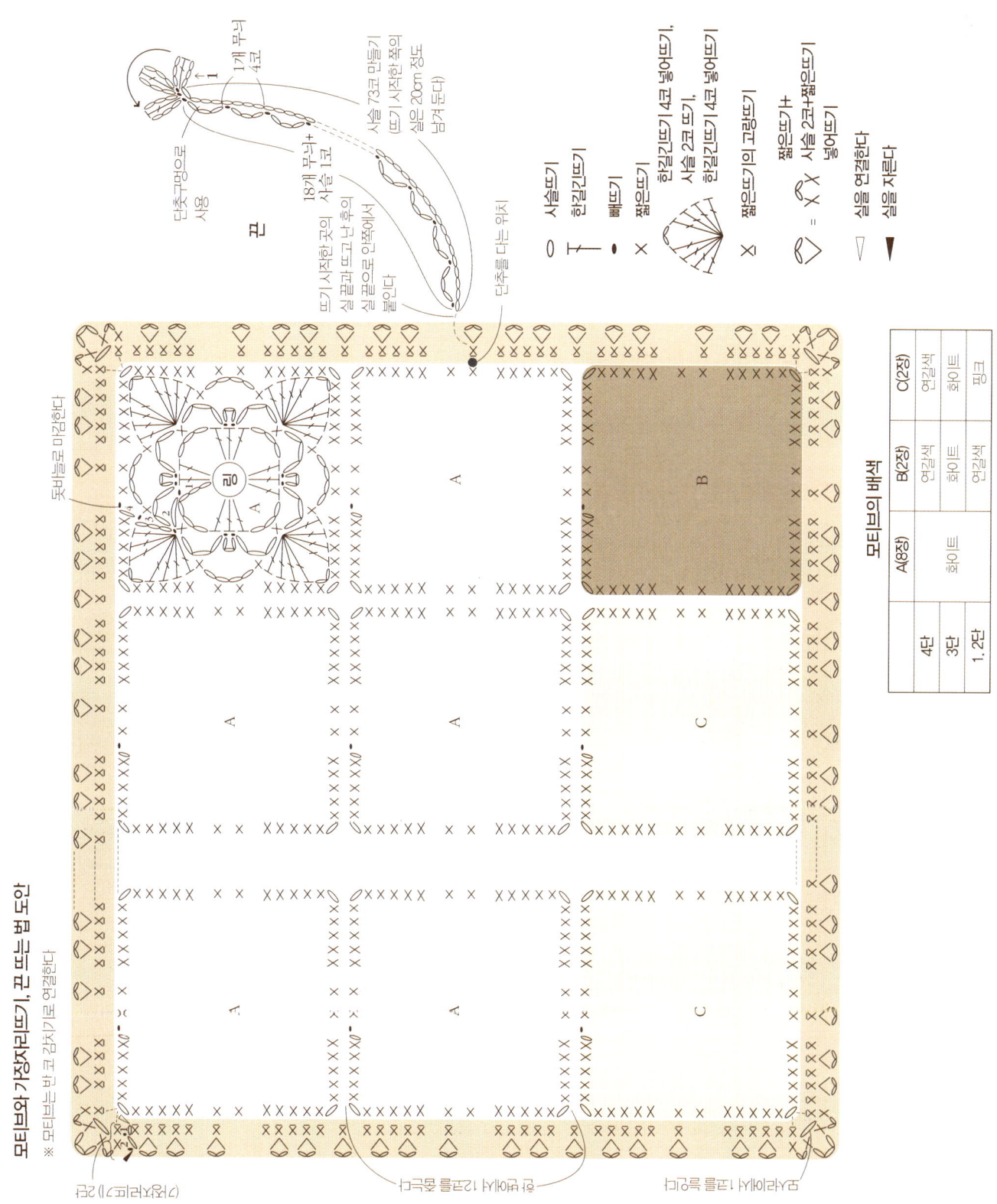

 ✤ p.19

핀쿠션 &
시저스 키퍼

완성 치수 도안 참조

준비 도구

실　중간 굵기의 면마 혼방사(올림푸스 리넨 내추르)
　　화이트(1)　핀쿠션 A … 2g, B … 약간
　　　　　　　시저스 키퍼 … 약간
　　핑크(6)　　핀쿠션 A … 약간
　　　　　　　시저스 키퍼 … 약간
그 외　마포, 핀쿠션 A, 베이지, 가로·세로 6cm의 사각형
　　　　마포, 핀쿠션 B, 화이트, 가로·세로 9cm의 사각형
　　　　자수용 천, 핀쿠션 A … 2g, B … 약간
바늘　4/0호 코바늘, 돗바늘, 자수용 바늘(핀쿠션에만 사용)

모티브 사이즈

핀쿠션 A 가로·세로 6.5cm의 사각형　핀쿠션 B 가로·세로 6cm의 사각형
시저스 키퍼 지름 3.4cm

뜨는 법

◎ 실은 각각 한 가닥으로 뜬다.

○ 핀쿠션 A
　1 마포로 쿠션을 만든다.
　2 모티브는 화이트 실로 링을 만들고 도안대로 3단을 뜬다.
　3 같은 것을 2장 뜨고, 겉을 겹쳐 핑크색 실로 가장자리뜨기로 2단을 뜬다. 세 변을 뜬 다음 쿠션을 넣는다.

○ 핀쿠션 B
　1 마포로 쿠션을 만든다.
　2 모티브는 화이트 실로 링을 만들고 도안대로 4단을 뜬다.
　3 쿠션 위쪽 면에 모티브를 단다.

○ 시저스 키퍼
　1 모티브는 화이트 실로 링을 만들고 도안대로 1단을 뜬다.
　2 같은 것을 2장 뜨고, 겉을 겹쳐 핑크색 실로 가장자리뜨기 1단을 뜬다. 계속해서 사슬뜨기 40코를 뜨고 고리를 만든다.

핀쿠션 A 뜨는 법 도안

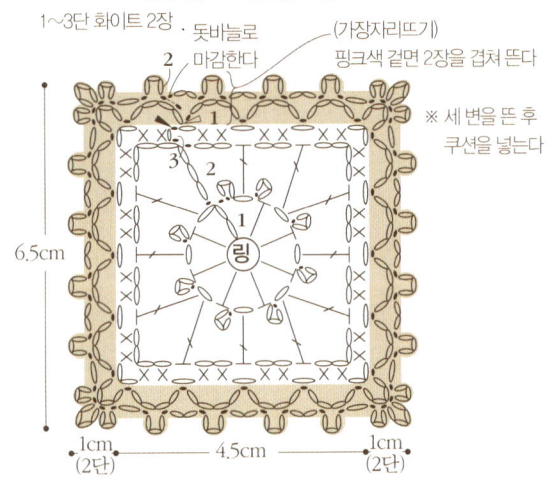

핀쿠션 사이즈와 재봉 도안

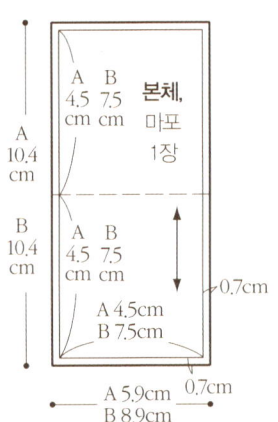

핀 쿠션 만드는 법

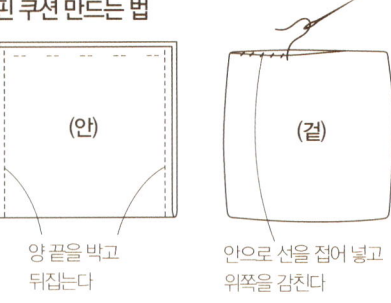

핀쿠션 B 뜨는 법 도안

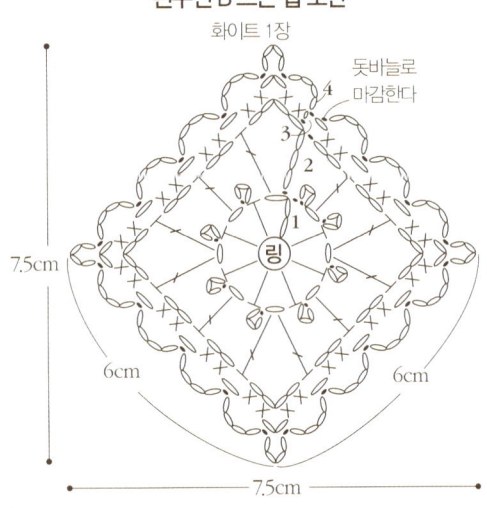

핀쿠션 B에 모티브 다는 법

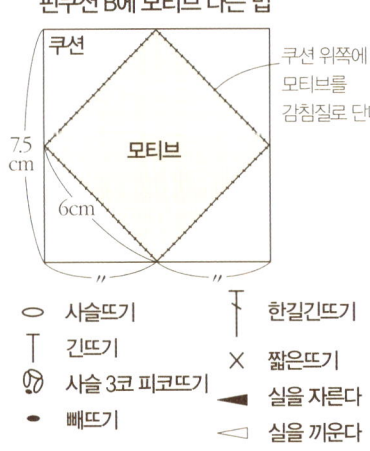

시저스 키퍼 뜨는 법 도안

✧ p.20, 38

튜닉 블라우스

완성 치수 도안 참조

준비 도구

실　18번 정도의 면사(올림퍼스 에이미 그란데)
　　오프화이트(851) … 42g
그 외　튜닉 블라우스
　　　자수용 실
바늘　2/0호 코바늘, 돗바늘, 자수용 바늘

게이지　무늬뜨기 A 무늬 1개 2단 = 약 1.9cm

뜨는 법

◎ 실은 한 가닥으로 뜬다.

1. 사슬 1코를 만들어 무늬뜨기 A의 도안대로 124단(블라우스에 맞춰 크기를 조절)을 뜬다. 시작코에 빼뜨기로 연결하지 않고 고리로 뜬다.
2. 계속해서 무늬뜨기 B의 도안대로 4단을 왕복뜨기로 고리로 뜬다.
3. 위쪽의 사슬뜨기에 실을 넣어 무늬뜨기 C의 도안대로 2단 고리로 뜬다.
4. 블라우스에 감친다.

사이즈 배치도

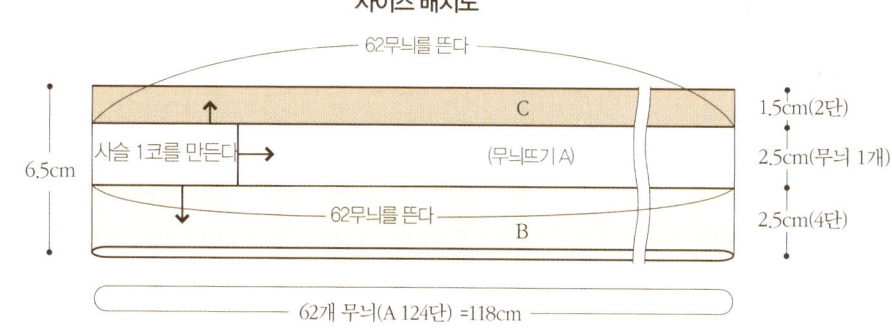

에징 다는 법

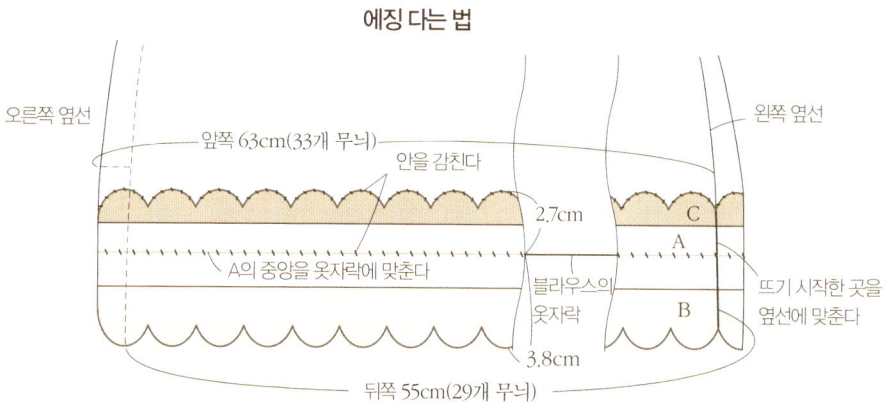

무늬뜨기 도안

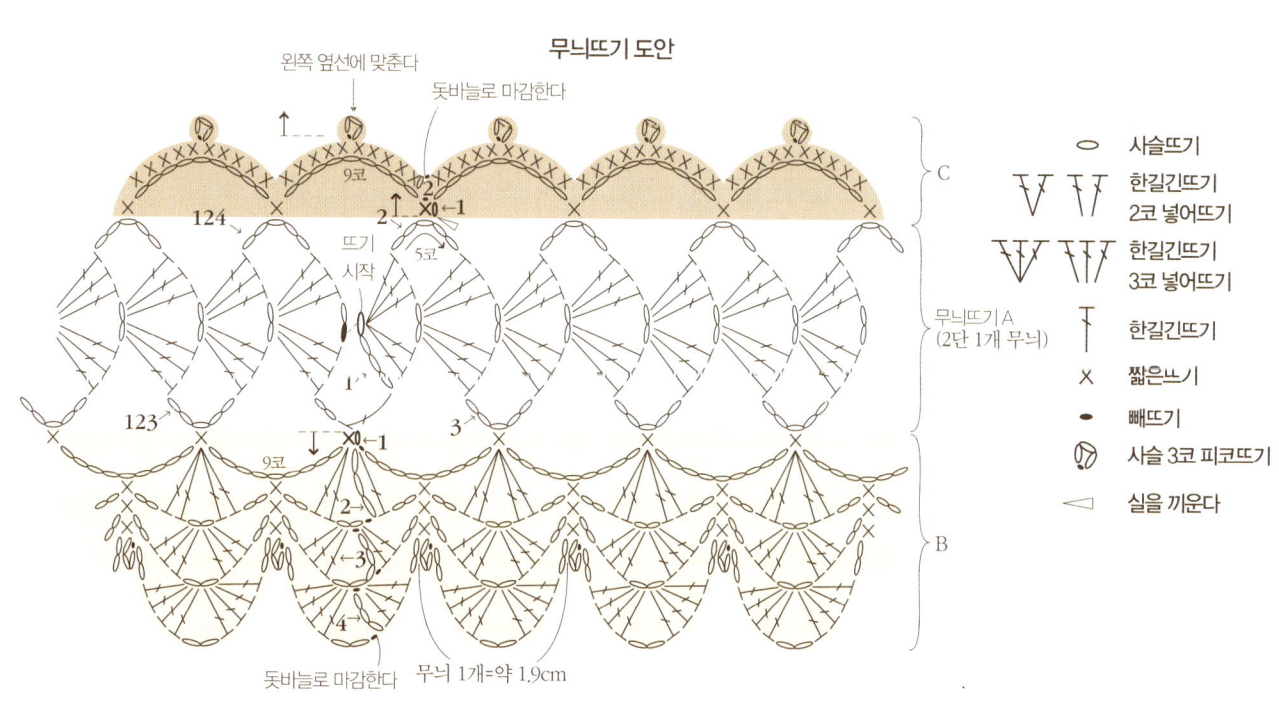

✤ p.21

레이스 캐미솔

완성 치수 도안 참조

준비 도구

실　18번 정도의 면사(올림퍼스 에이미 그란데)
　　오프화이트(851) … 약간
그 외　캐미솔
　　　　자수용 실
바늘　0호 레이스용 코바늘, 돗바늘, 자수용 바늘

게이지 무늬 1개 8코 = 약 2.2cm, 2단 =1.8cm

뜨는 법

◎ 실은 한 가닥으로 뜨고, 도안대로 만든다.
1 사슬 73코를 떠서(옷에 맞춰 조절) 1단은 사슬코의 뒷산에 걸어 도안대로 왕복뜨기 2단을 뜬다.
2 캐미솔의 네크라인의 가장자리에 맞춰 에징을 단다. 베이지 그레이 실로 도안대로 2장을 뜬다.

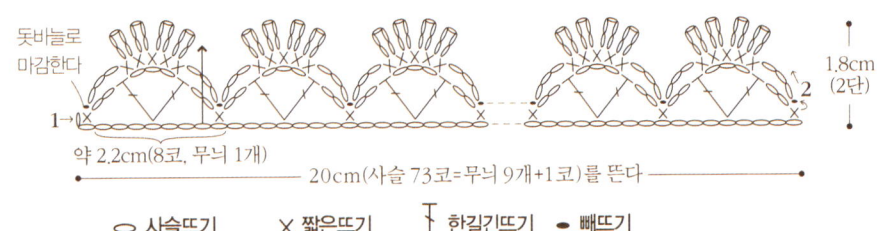

뜨는 법 도안

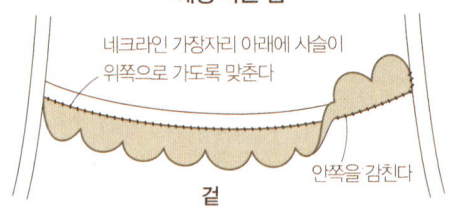

에징 다는 법

○ 사슬뜨기　× 짧은뜨기　┬ 한길긴뜨기　● 빼뜨기

✤ p.22

레이스 카디건

완성 치수 도안 참조

준비 도구

실　18번 정도의 면사(올림퍼스 에이미 그란데)
　　베이지(731)…11g
그 외　카디건
　　　　자수용 실
바늘　2/0호 코바늘, 돗바늘, 자수용 바늘

게이지 무늬 1개 1.8cm, 2단 = 약 2cm

뜨는 법

◎ 실은 한 가닥으로 뜨다.
1 사슬 2코를 떠서 도안대로 왕복뜨기 102단(옷의 크기에 맞춰 조절)을 뜬다.
2 카디건의 장식과 네크라인에 에징을 겹쳐 도안대로 감친다.

사이즈 도안

무늬뜨기 도안

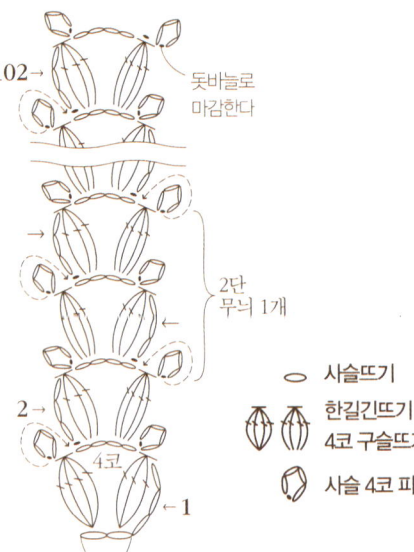

○ 사슬뜨기
♦ 한길긴뜨기 4코 구슬뜨기
◇ 사슬 4코 피코뜨기

에징 다는 법

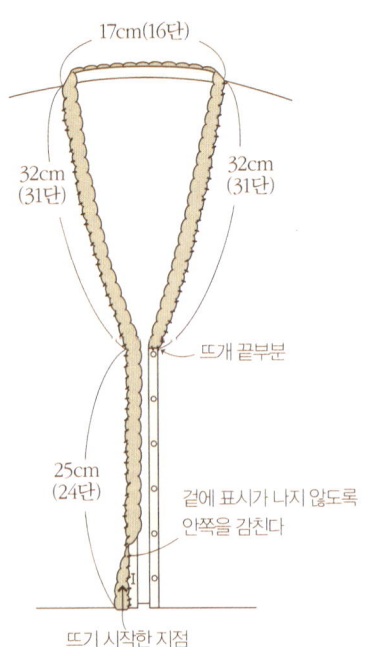

✦ p.23

모티브로 연결한 스카프

완성 치수 폭 17cm, 길이 152cm

준비 도구
실 중간 굵기의 면마 혼방사(올림퍼스 리넨 내추르)
   화이트(1) … 115g
바늘 4/0호 코바늘, 돗바늘

모티브 사이즈 가로·세로 7.5cm의 사각형

뜨는 법
◎ 실은 한 가닥으로 뜨고, 도안대로 만든다.
1 모티브는 사슬 5코를 떠서 링을 만들어 도안대로 뜬다.
2 2장부터 마지막 단에서 빼뜨기로 연결하면서 총 40장을 뜬다.
3 마지막 모티브를 연결한 다음 실을 자르지 말고 계속해서 가장자리뜨기를 한다.

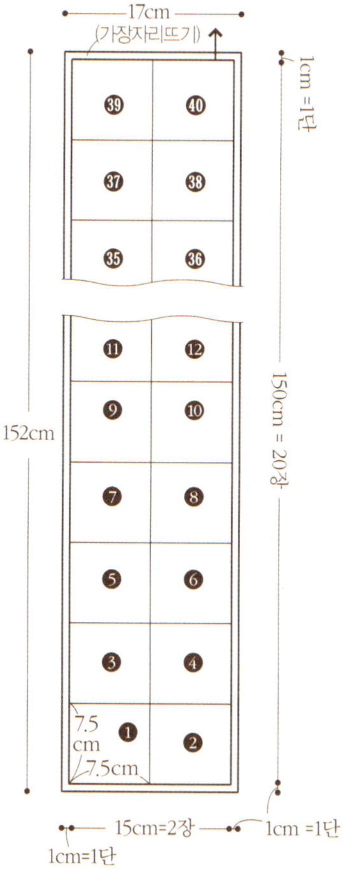

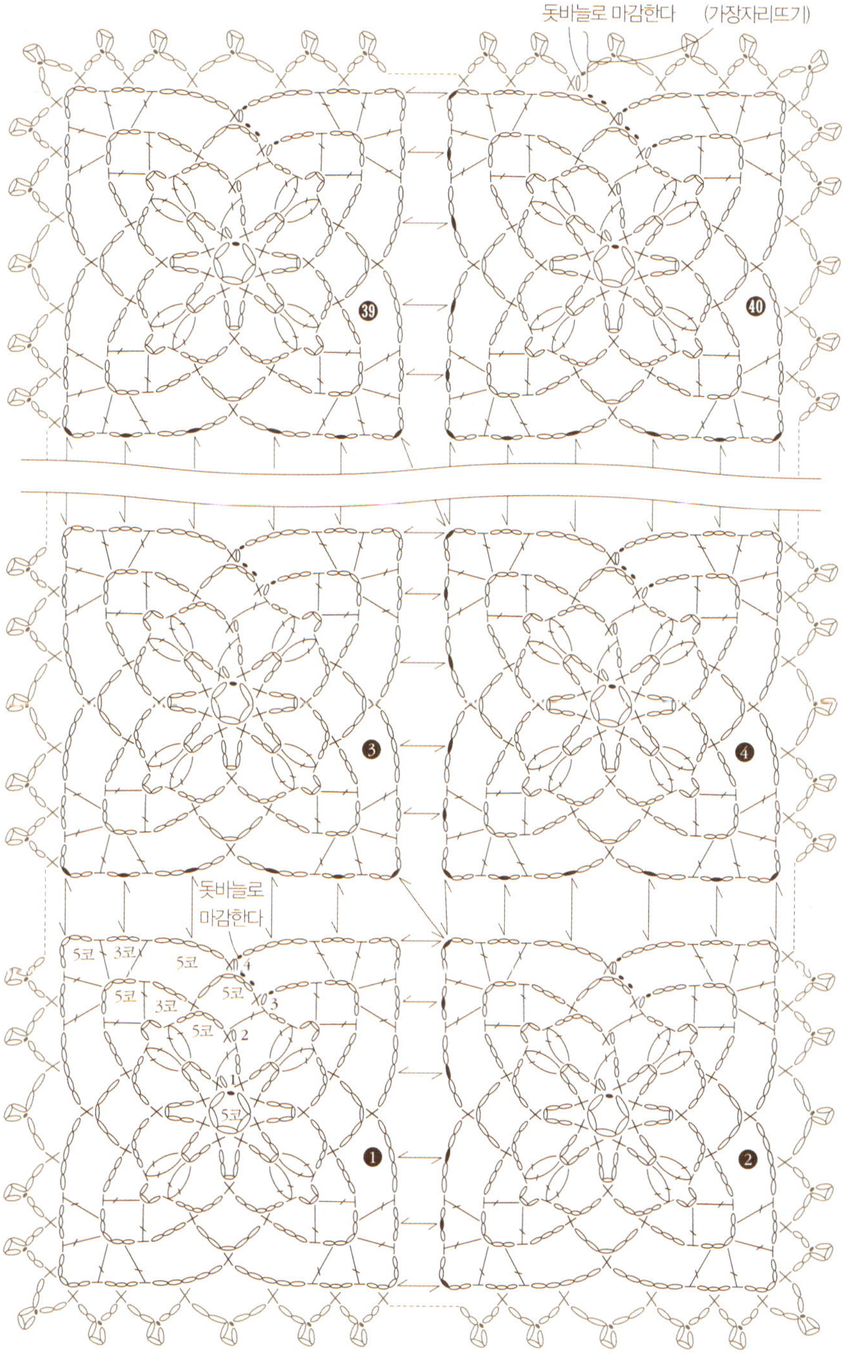

❖ p.24

레이스 양산

완성 치수 도안 참조

준비 도구

실　18번 정도의 면사(올림퍼스 에이미 그란데 허브스)
　　베이지(721) … 27g
그 외　양산 베이지 컬러, 1개
　　단추 지름 1cm 1개
　　자수용 실
바늘　0호 레이스용 코바늘, 돗바늘, 자수용 바늘

게이지 무늬뜨기(무늬 1개) 2단=1.6cm

뜨는 법

◎ 실은 각각 한 가닥으로 뜬다.

○ 에징
1 사슬 3코를 뜬 다음 도안대로 299단(양산의 크기에 맞춰 조절한다)을 뜨고 실을 자른다.
2 실을 꿰어 가장자리뜨기 1단을 뜬다.
3 양산에 에징을 임의로 고정시킨 다음 꿰맨다.

○ 끈
사슬 3코를 뜬 다음 도안대로 22단을 뜬다. 계속해서 가장자리뜨기를 한 다음 단추를 단다.

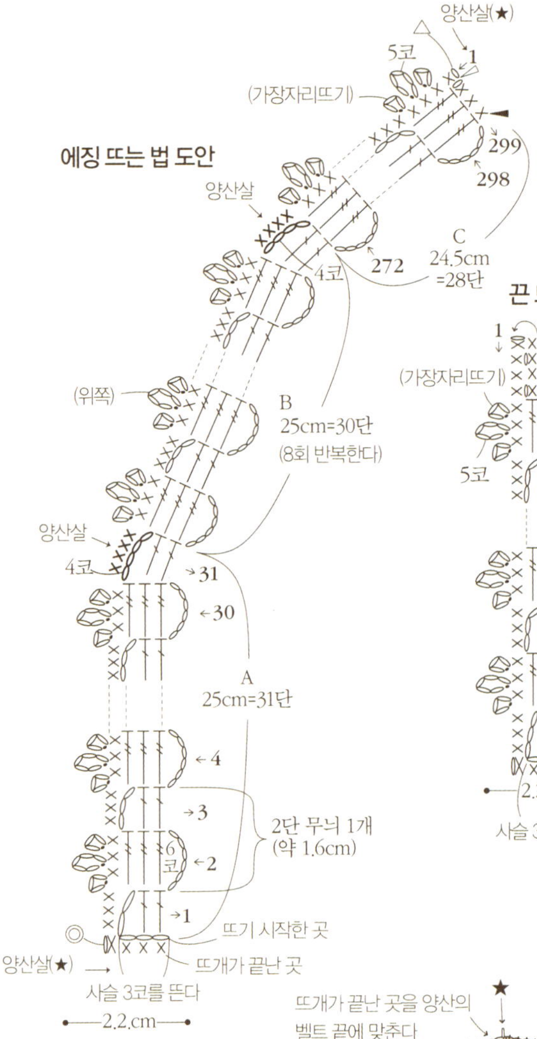

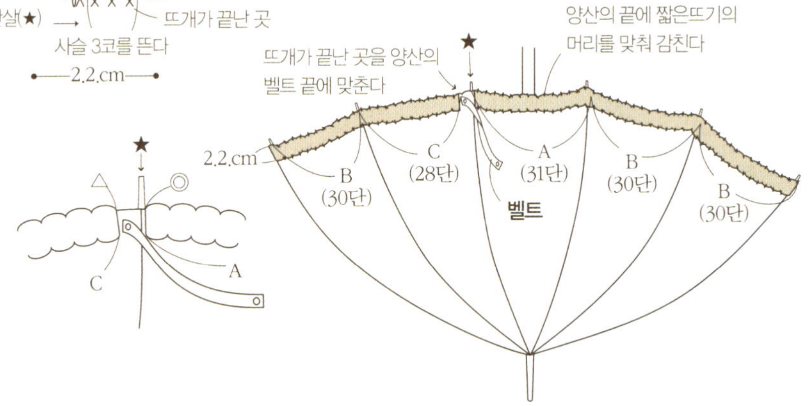

❖ p.26

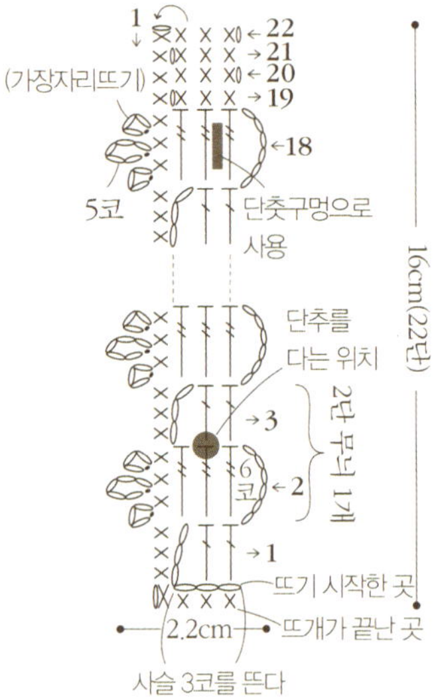

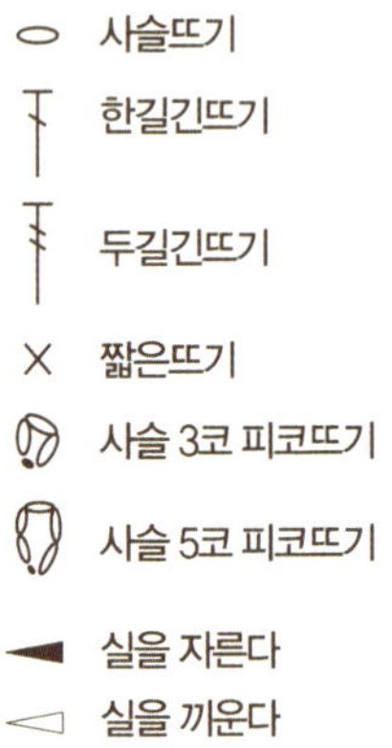

모티브로 연결한 숄

완성 치수 도안 참조

준비 도구

실　중간 굵기의 면사(하마나카 폼므 무쿠와타 파인)
　　화이트(111) … 215g
바늘　3/0호 코바늘, 돗바늘

모티브 사이즈 한 변의 길이가 4cm인 육각형

뜨는 법

◎ 실은 한 가닥으로 뜬다.

1 모티브는 사슬 7코를 뜬 후 링을 만들어 도안대로 3단을 뜬다.
2 2장부터는 마지막 단에서 빼뜨기로 연결하면서 총 22장을 뜬다.
3 첫 번째 모티브에 실을 꿰어 가장자리뜨기 2단을 뜬다.

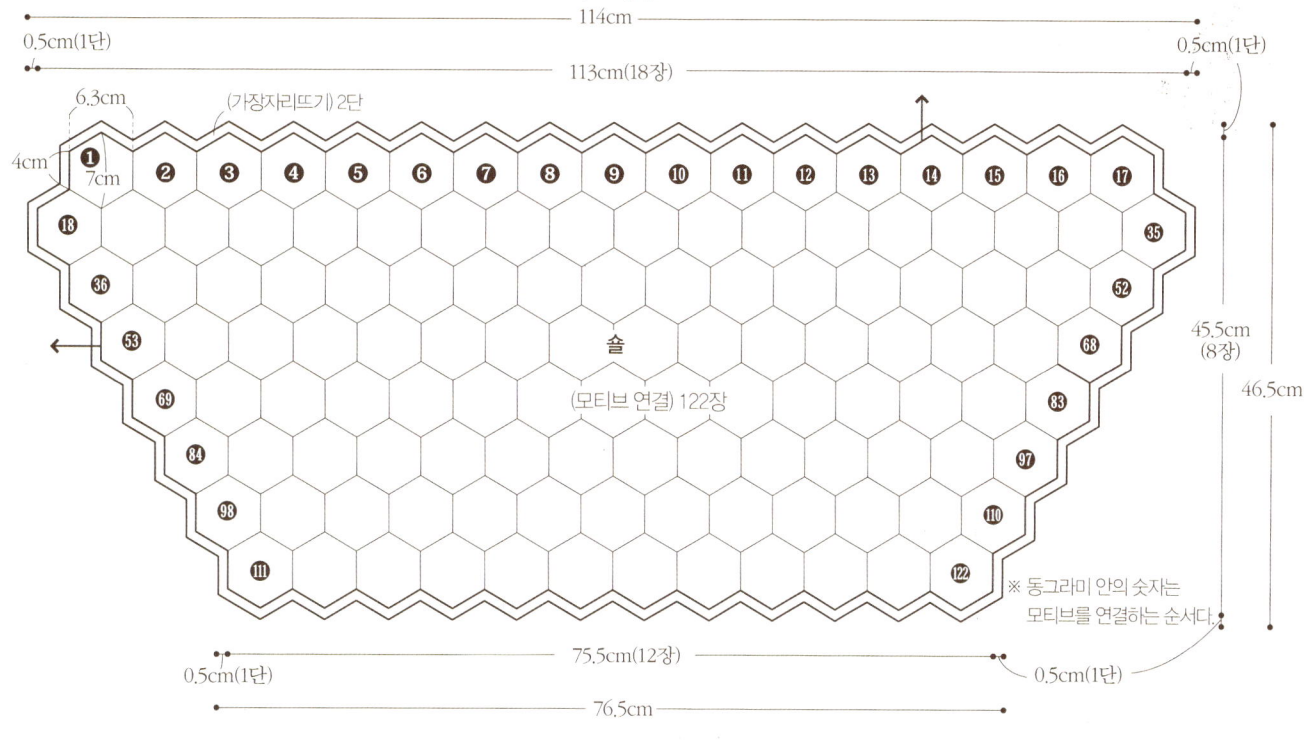

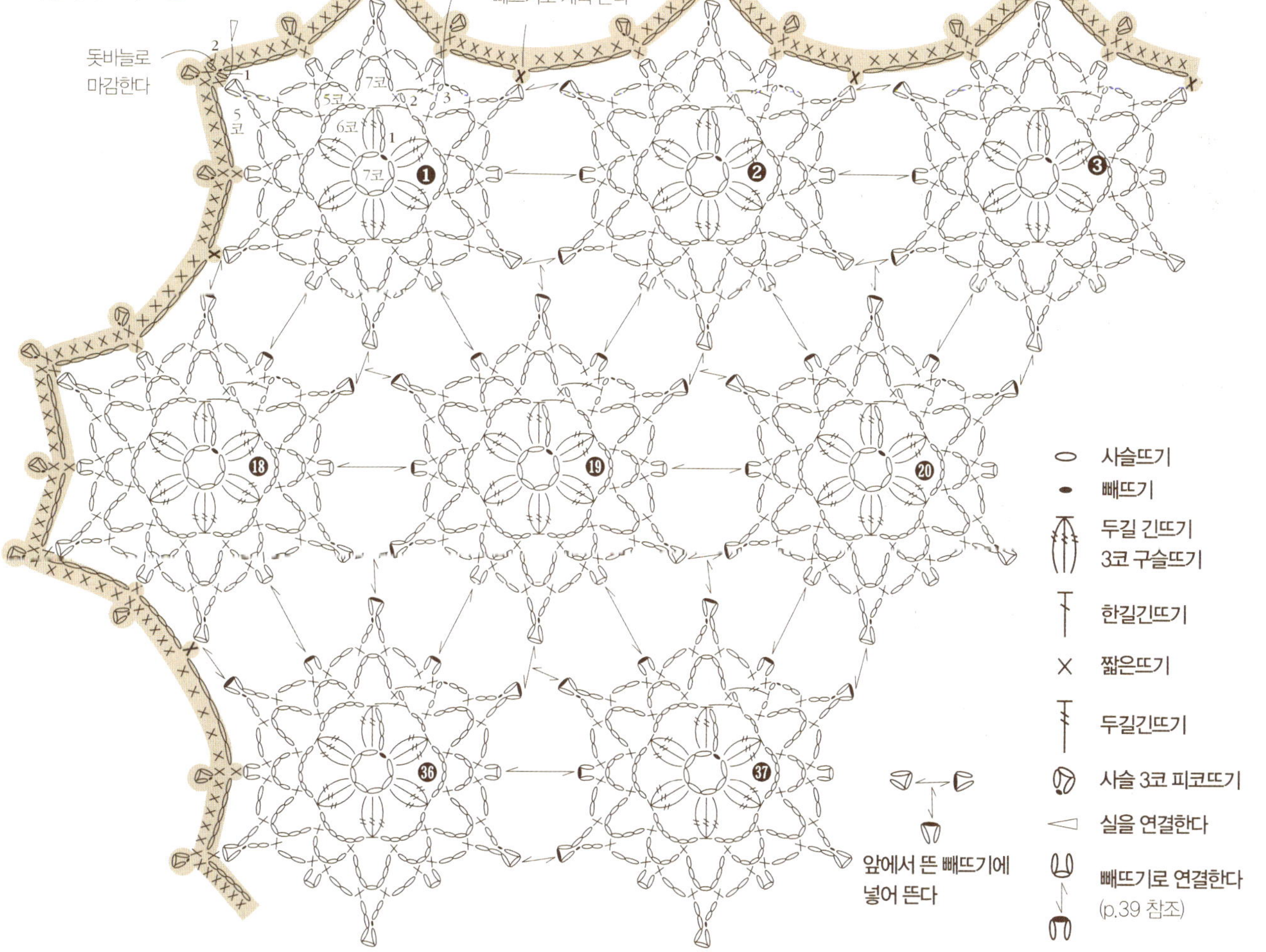

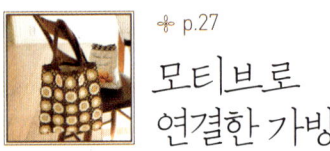

p.27

모티브로 연결한 가방

완성 치수 폭 27.5cm, 길이 29cm

준비 도구

실 중간 굵기의 두꺼운 면폴리에스테르 혼방사 (하마나카 워시코튼 클로셰)
진갈색(119) … 65g
아이보리(102), 베이지(103) … 38g씩

그 외 마포, 베이지, 58cm×33cm
자수용 실

바늘 3/0호 코바늘, 돗바늘, 자수용 바늘

모티브 사이즈 가로 · 세로 5.5cm의 사각형

뜨는 법

◎ 실은 한 가닥으로 뜬다.

1 모티브는 지정된 색깔의 실로 뜬다. 사슬 8코를 떠서 링을 만들고 도안대로 5단을 뜬다.
2 2장째부터는 마지막 단을 빼뜨기로 연결하면서(옆면과 바닥을 연결하지 않고 원으로 만든다) 총 50장을 뜬다.
3 뜨는 법을 바꾸어 가방 입구 가장자리뜨기를 원통으로 뜬다.
4 손잡이를 짧은뜨기로 2개를 떠서 반으로 접어 ★ 부분을 빼뜨기로 마무리한다.
5 안감을 꿰매어 안감의 겉이 모티브 쪽으로 향하도록 가방에 달아 가장자리뜨기로 손잡이를 단다.

모티브 배치도

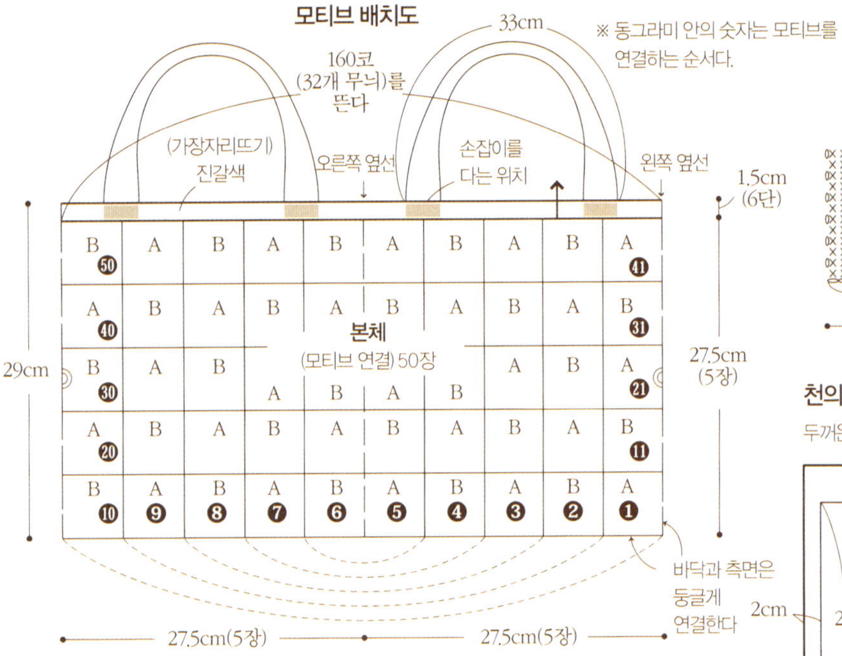

손잡이뜨기 도안

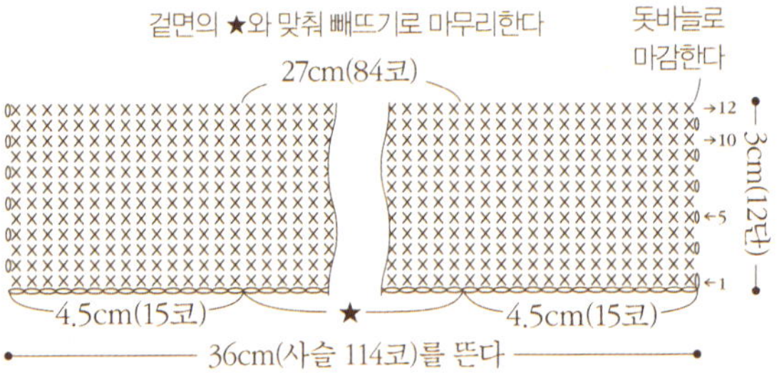

천의 사이즈와 재봉 도안

두꺼운 선은 재단선, 가는 선은 완성 선, 화살표는 포목선

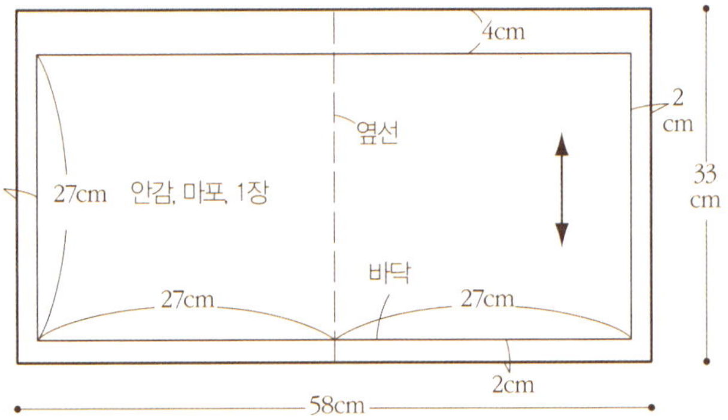

마무리하는 법

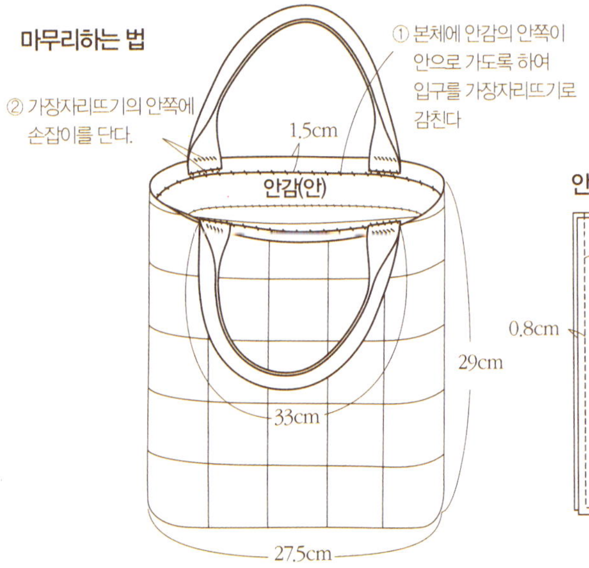

안감 재봉법

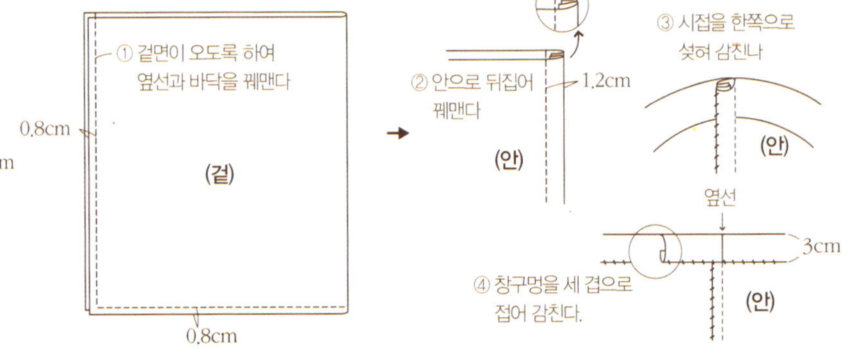

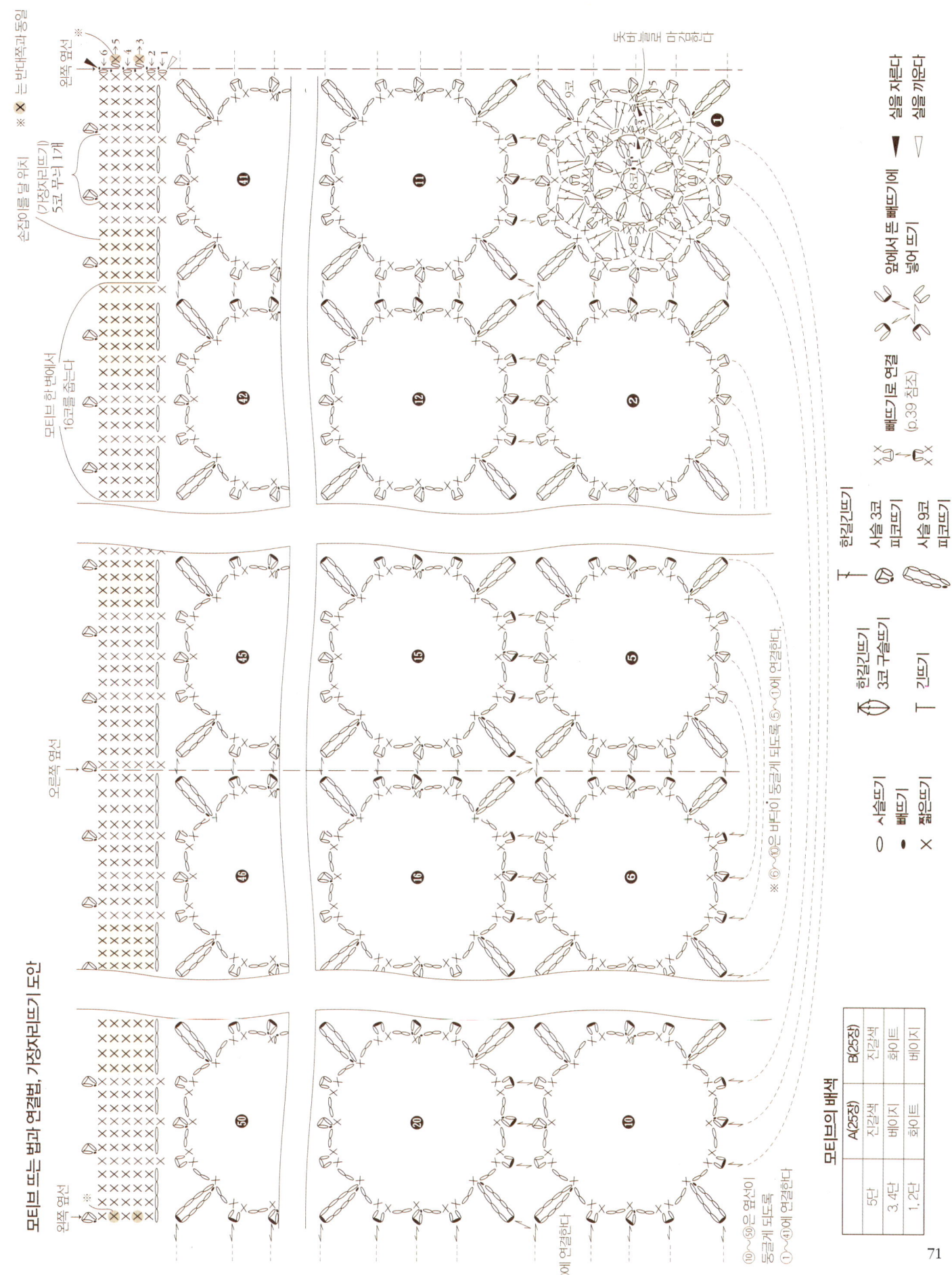

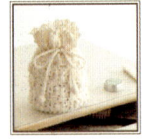

p.28

모티브로 연결한 주머니

완성 치수 도안 참조

준비 도구

실 중간 굵기의 면사(하마나카 티티 클로셰)
오프화이트(2) … 65g

바늘 2/0호 코바늘, 돗바늘

모티브 사이즈 가로 · 세로 3.5cm의 사각형

뜨는 법

◎ 실은 끈 외에는 한 가닥으로 뜬다.

1 모티브는 링을 만들고 도안대로 4단을 뜬다. 모티브 연결로 측면을 뜬다.

2 2장째부터는 마지막 단에 빼뜨기로 연결하면서 총 45장을 뜬다.

3 짧은뜨기로 바닥을 뜨고 마지막 단을 뜨면서 측면의 모티브와 연결한다.

4 끈을 통과시키는 입구 쪽에 가장자리뜨기 2단을 뜬다.

5 실 2가닥으로 끈을 떠서 구슬 모티브를 연결하여 끝 양 끝에 감쳐 완성하고, 주머니에 끈을 통과시킨다.

사이즈 배치도

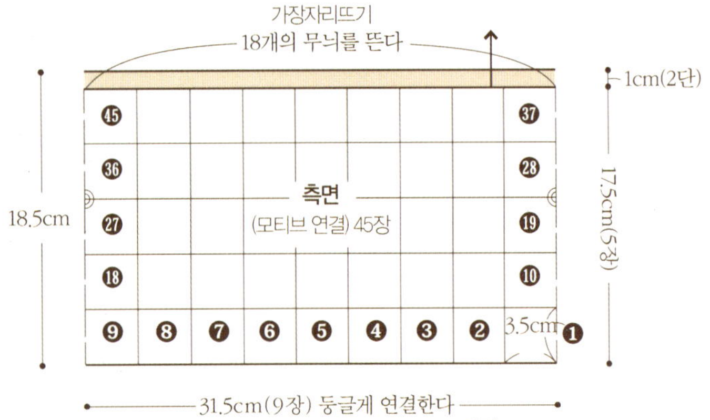

※ 동그라미 안의 숫자는 모티브를 연결하는 순서다.

바닥
(짧은뜨기+피코뜨기)

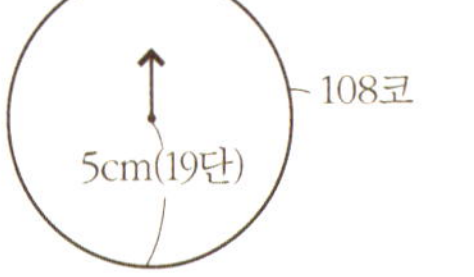

모티브 뜨는 법 도안

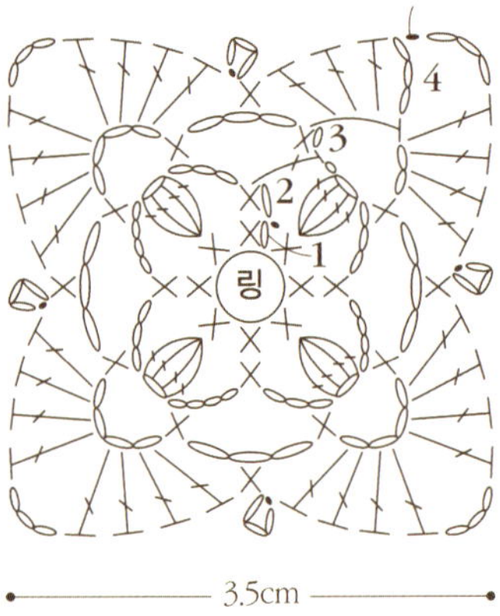

- 사슬뜨기
- 짧은뜨기
- 빼뜨기
- 한길긴뜨기 4코 바늘뜨기
- 한길긴뜨기
- 긴뜨기
- 사슬 3코 피코뜨기

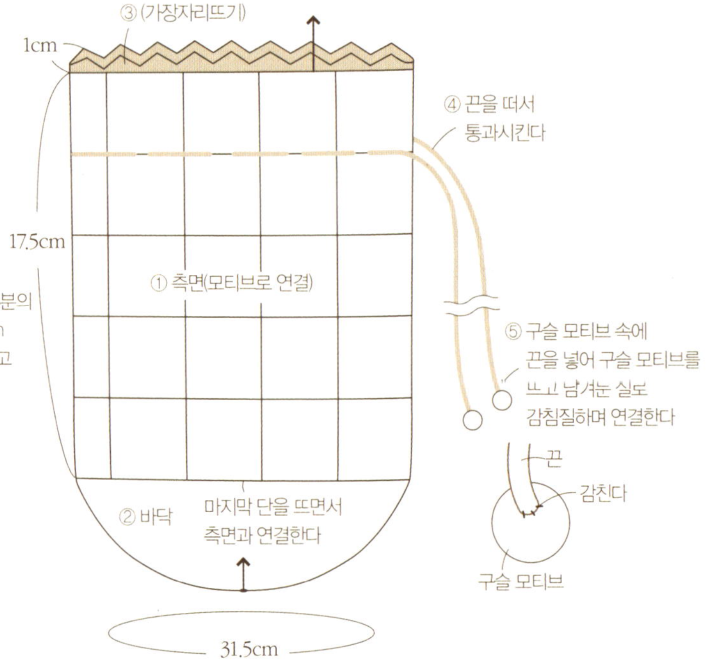

끈 뜨는 법 도안

2가닥 1줄

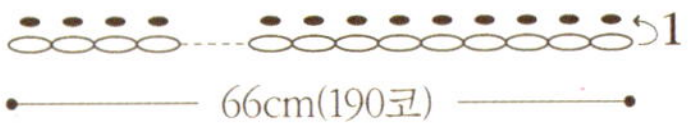

구슬 모티브 뜨는 법 도안

2개

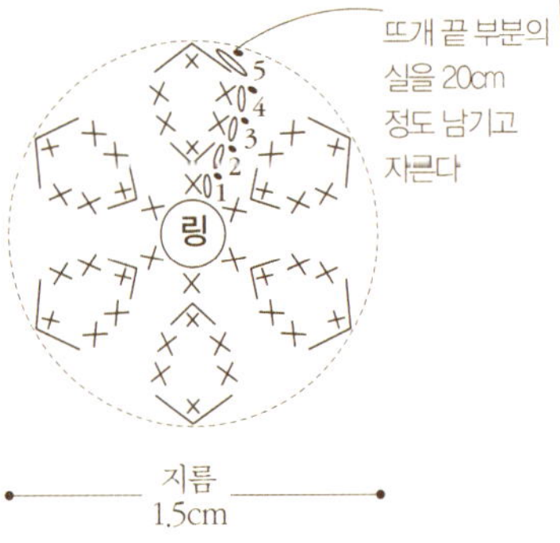

- 짧은뜨기 2코 넣어뜨기
- 짧은뜨기 2코 모아뜨기

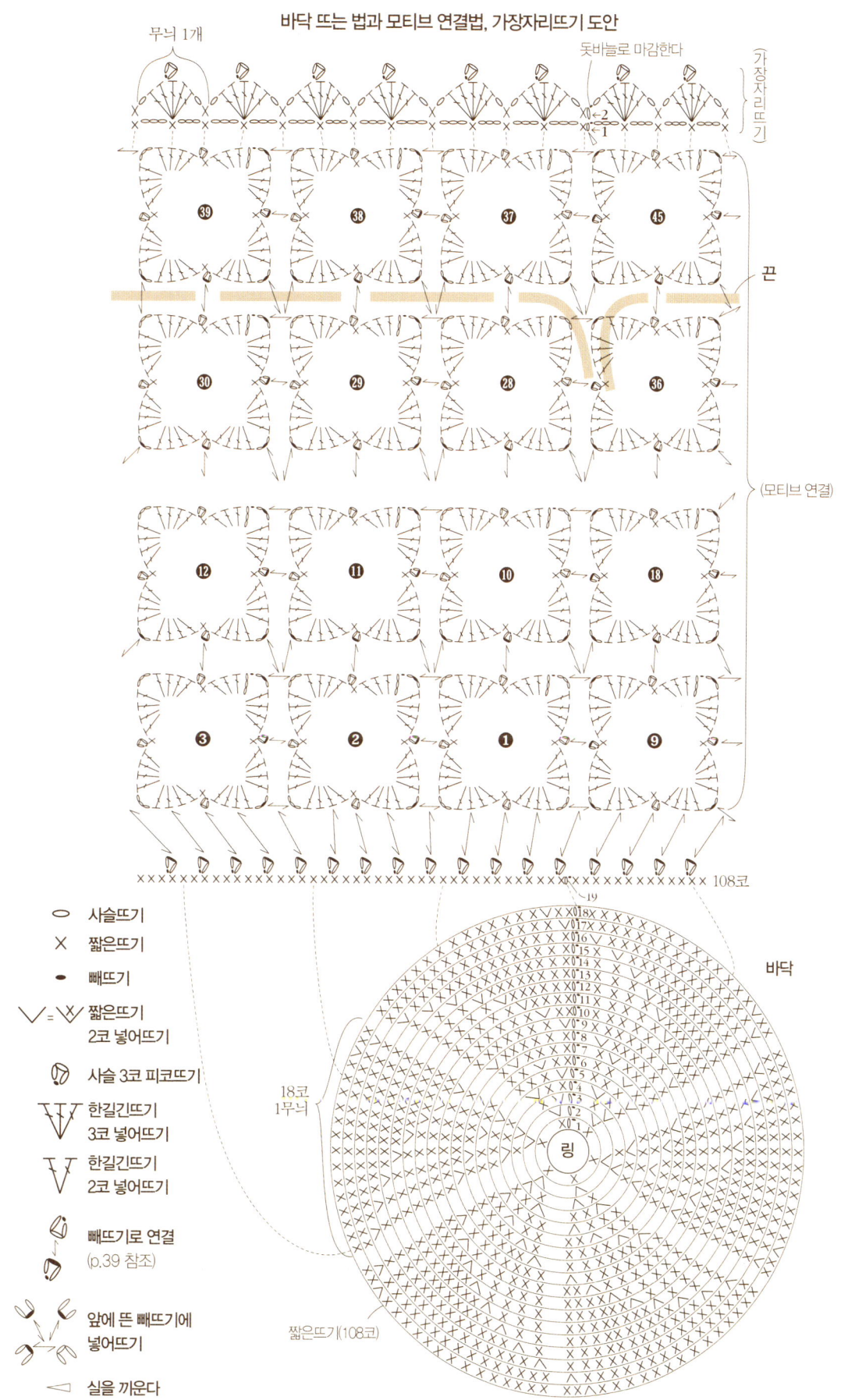

 ✤ p.31

목걸이와 반지

완성 치수 도안 참조

준비 도구

실　○반지
　　　중간 굵기의 면마 혼방사(하마나카 클라크스 C)
　　　오프화이트(1) … 5g
　　○목걸이
　　　중간 굵기의 면마 혼방사(하마나카 클라크스 C)
　　　오프화이트(1) … 13g
그 외　펄 비즈(목걸이에만 필요) 지름 0.6cm 구멍의 지름 0.2cm 18개
바늘　2/0호 코바늘
　　　돗바늘

모티브 사이즈 꽃 모티브 지름 4.5cm

뜨는 법

◎ 실은 각각 한 가닥으로 뜬다.

○반지
1 꽃과 원 모티브를 도안대로 1장씩 뜬다.
2 사슬 3코를 떠서 짧은뜨기로 링을 뜬다.
3 링을 뜨기 시작한 곳과 끝나는 곳을 감친다. 꽃 모티브를 링에 달고 한가운데에 원 모티브를 단다.

○네크리스
1 브레이드 A~C, A'~C'를 각각 도안대로 뜬다.
※ B, B'는 실에 펄 비즈를 꿰어 뜬다.
2 도안대로 구슬 모티브를 뜬다.
3 A의 양 끝에 B, C를 달고 구슬 모티브를 단다.
4 A의 ★에 A'~C'를 달고, 그 위에 꽃 모티브를 단다. 꽃 모티브의 한가운데에 원 모티브를 단다.

꽃과 원 모티브 뜨는 법 도안

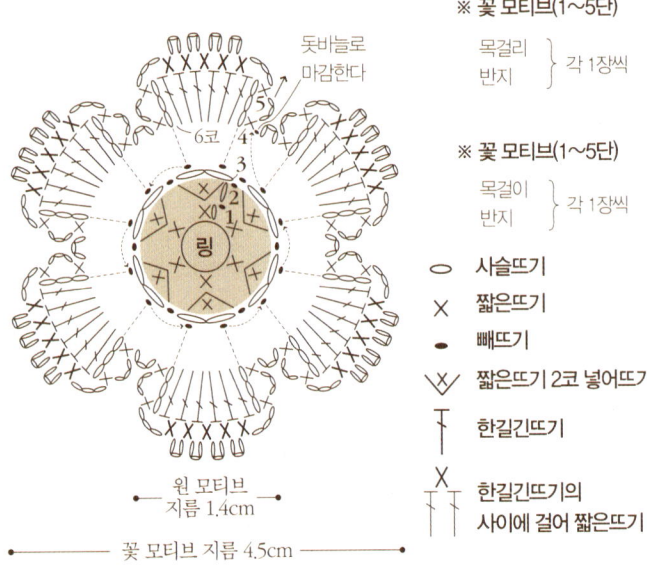

반지 뜨는 법 도안

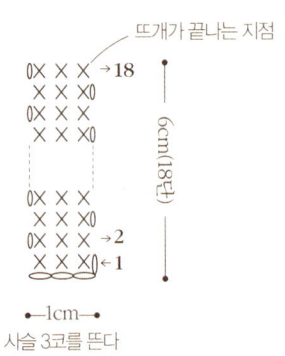

반지 마무리하는 법

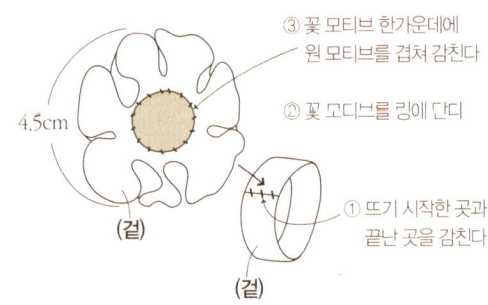

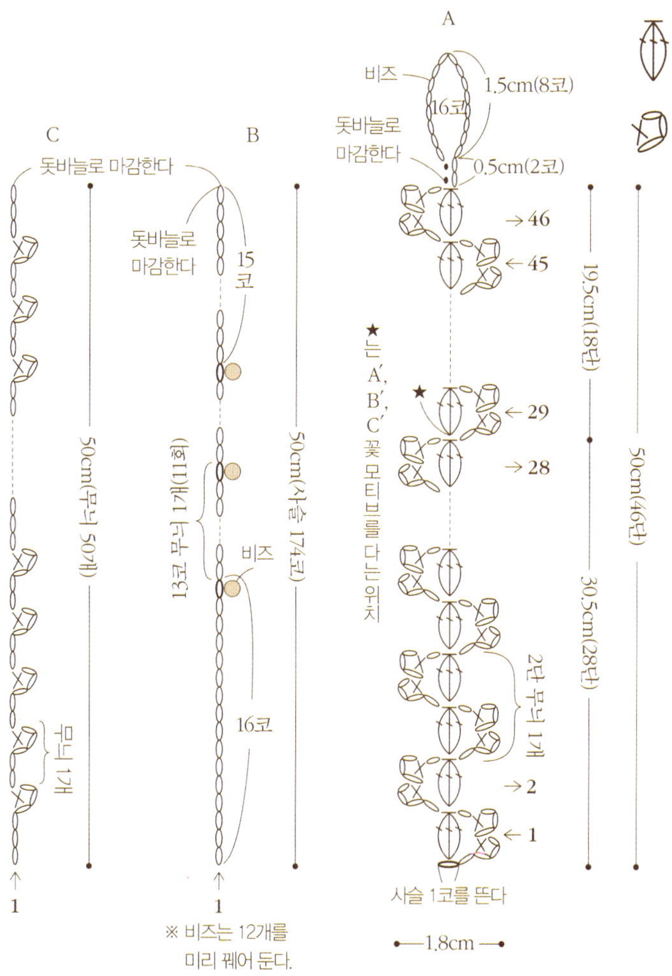

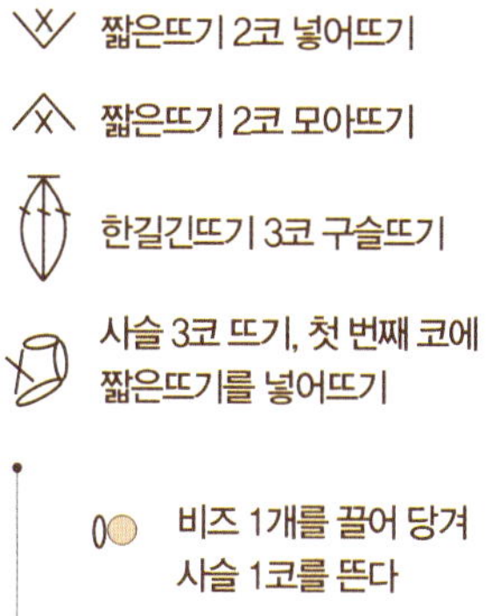

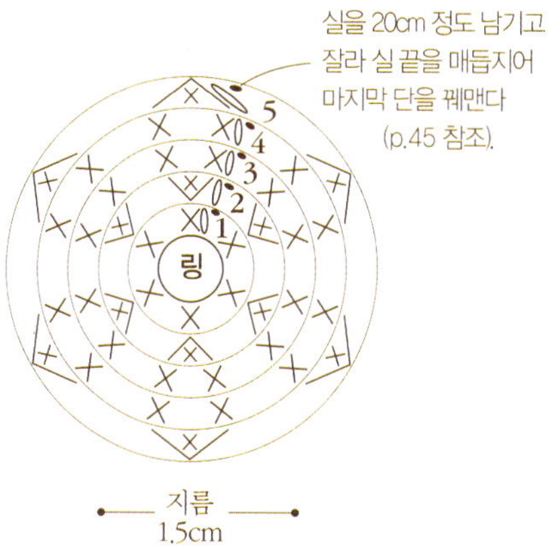

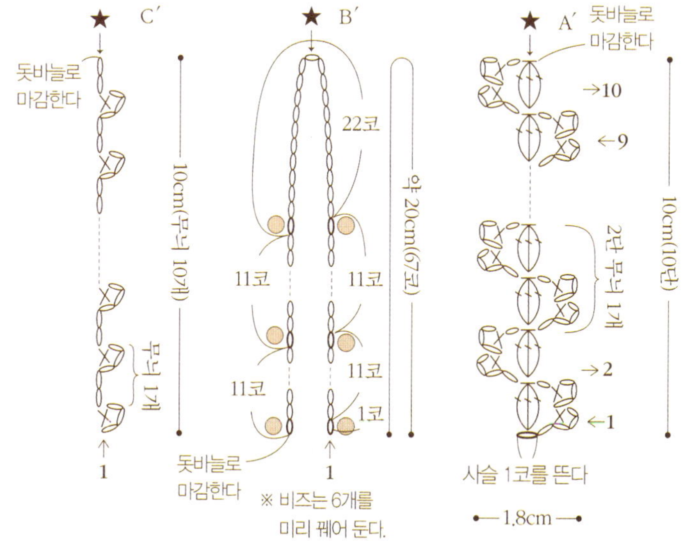

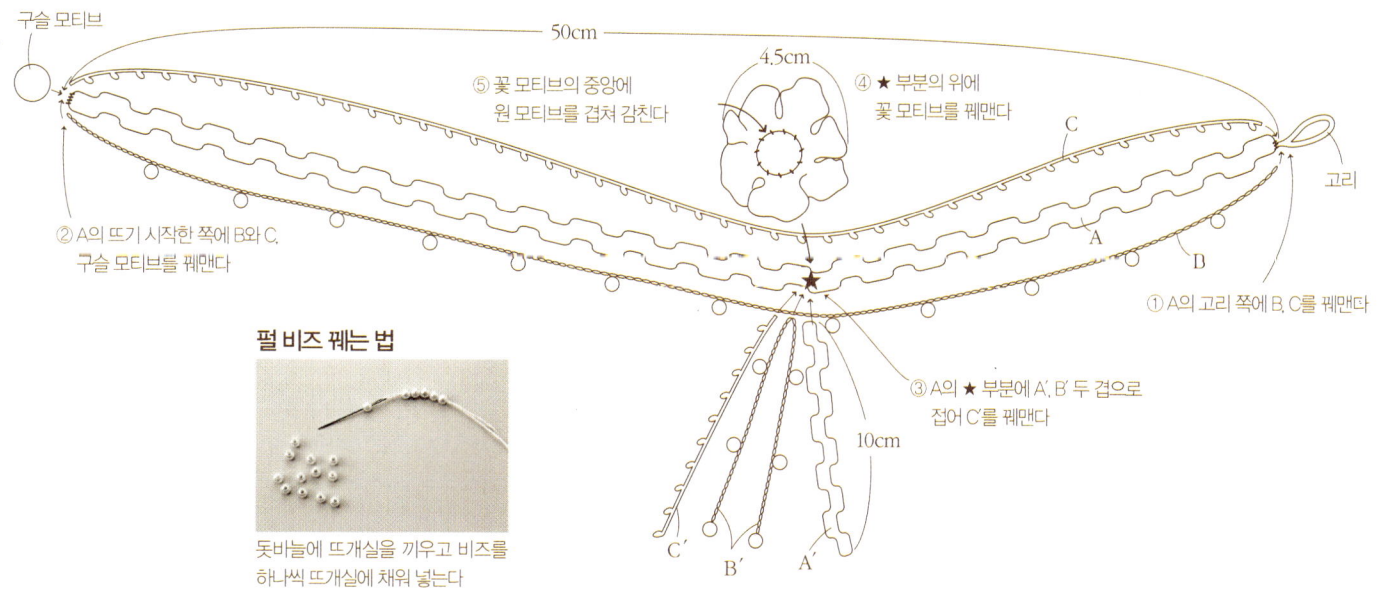

✤ p.32

헤어밴드 & 머리끈

완성 치수 도안 참조

준비 도구

○ 머리끈
실 　중간 굵기의 두꺼운 면마 혼방사
　　(하마나카 클락스 S)
　　보라색(25) … 10g
　　중간 굵기의 면마 혼방사(하마나카 클락스 C)
　　오프화이트(1) … 5g

○ 헤어밴드
실 　중간 굵기의 두꺼운 면마 혼방사
　　(하마나카 클락스 S)
　　그레이(24) … 10g
　　중간 굵기의 면마 혼방사(하마나카 클락스 C)
　　오프화이트(1) … 5g

그 외(공통) 링 모양의 고무 끈 지름 5cm 1개
바늘(공통) 3/0호 코바늘, 2/0호 코바늘, 돗바늘

모티브 사이즈 꽃 모티브 지름 약 6cm

뜨는 법

◎ 실은 각각 한 가닥으로 뜬다.

○ 머리끈
1 꽃 모티브를 뜬다. 보라색 실로 뜨기 시작한 실을 20cm 정도 남기고 링을 만들어, 3/0호 코바늘로 짧은뜨기 6코를 넣어뜬다. 도안대로 뜨는 방향을 바꾸면서 8단을 뜬다. 2/0호 코바늘로 바꿔 오프화이트 실로 가장자리뜨기 1단을 뜬다.
2 보라색 실을 3/0호 코바늘로 1단을 뜬다. 2/0호 코바늘로 바꿔 오프화이트 실을 끼우고 가장자리뜨기 1단을 뜬다.
3 모티브의 안쪽에 링 모양의 고무 끈을 단다.

○ 헤어밴드
1 그레이 실을 3/0호 코바늘에 끼워 사슬 118코를 뜬 다음 도안대로 2단을 뜨고 링 모양의 고무 끈에 짧은뜨기 5코를 떠 넣고 실을 자른다①.
2 시작 코에서 코를 주워 3단을 뜬다. 링 모양의 고무 끈(1의 반대쪽)에 짧은뜨기 5코를 떠 넣고 실을 자른다②.
※ 고무끈이 느슨해지지 않도록 주의한다.
3 고무끈에 짧은뜨기의 머리와 뜨개 바탕의 끝을 맞춰 감친다③.
4 오프화이트의 실로 가장자리뜨기 1단을 뜬다④.
5 고무 끈을 마주 보는 곳에 짧은뜨기 5코씩을 뜬다⑤.
6 5의 짧은뜨기 머리를 감친다⑥.

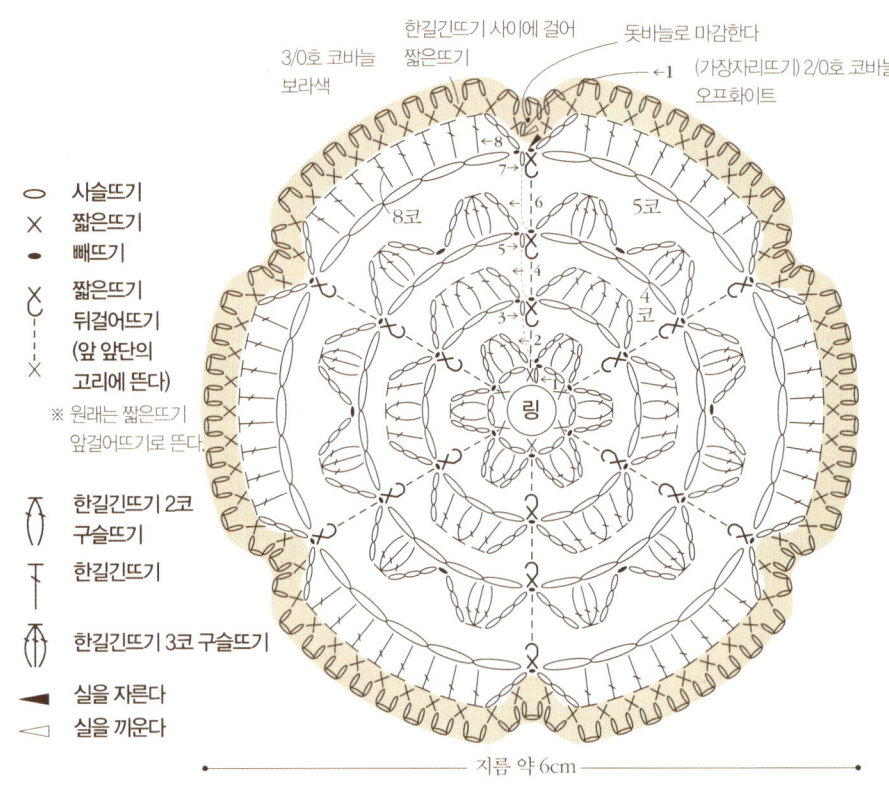

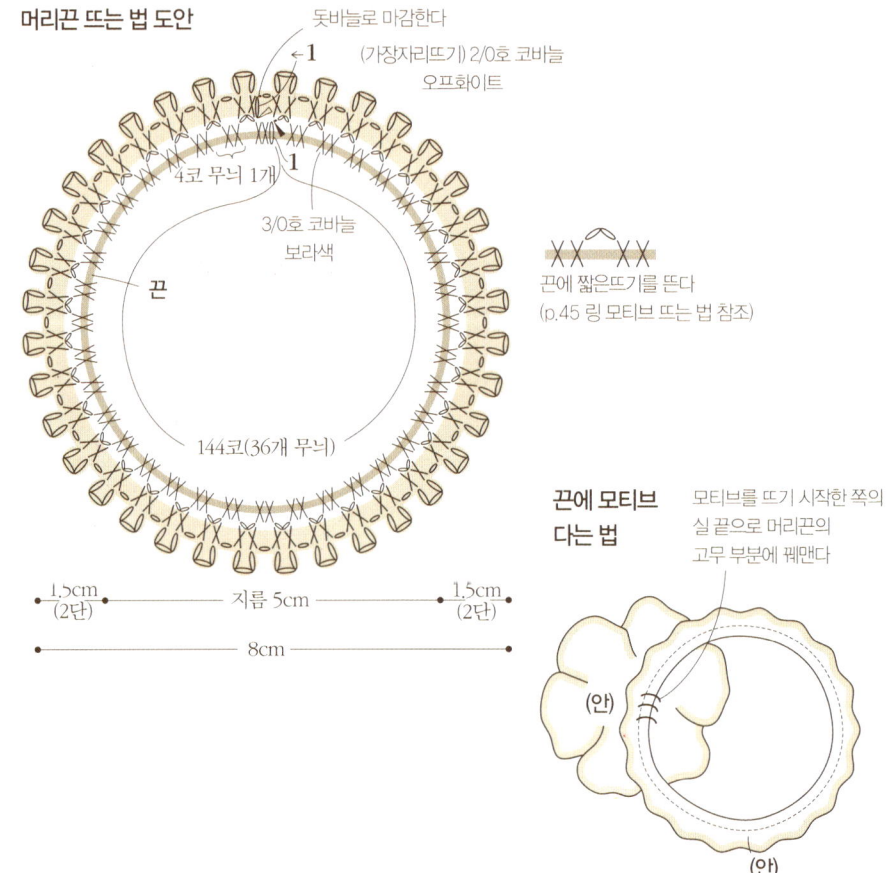

헤어밴드 뜨는 법 도안
3/0호 코바늘 ※ 지정 외에는 그레이

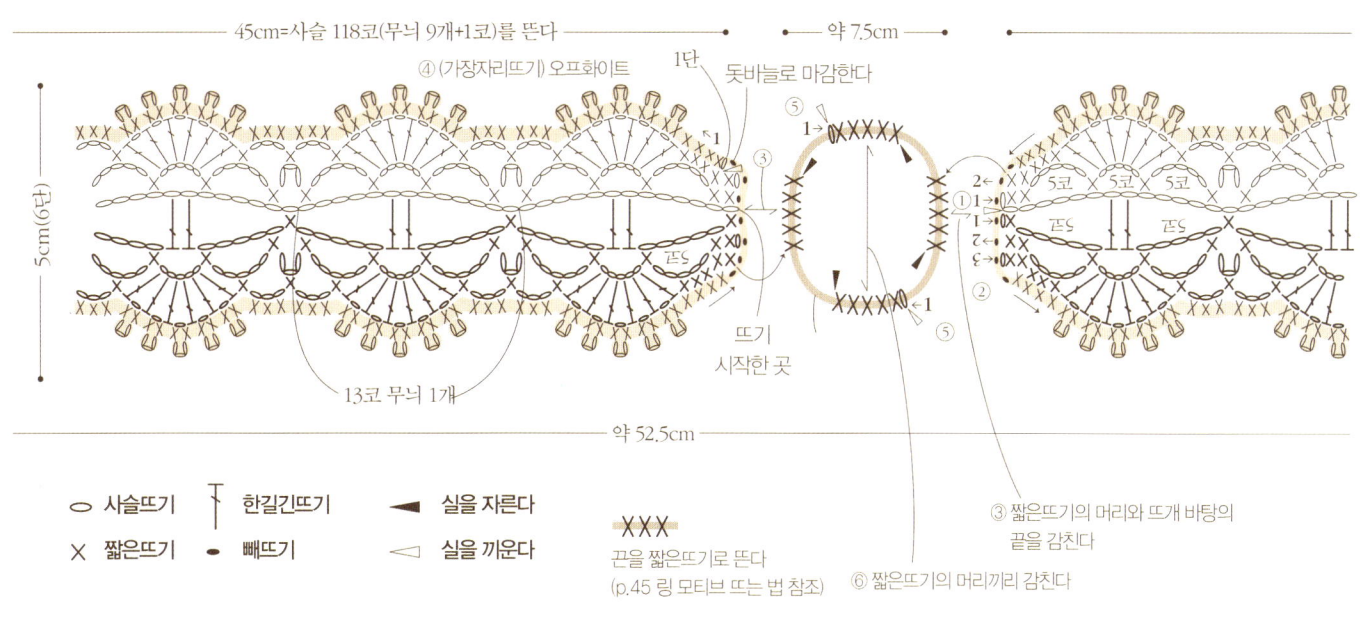

- ○ 사슬뜨기
- × 짧은뜨기
- ┬ 한길긴뜨기
- • 빼뜨기
- ▶ 실을 자른다
- ◁ 실을 끼운다
- ××× 끈을 짧은뜨기로 뜬다 (p.45 링 모티브 뜨는 법 참조)
- ③ 짧은뜨기의 머리와 뜨개 바탕의 끝을 감친다
- ⑥ 짧은뜨기의 머리끼리 감친다

✤ p.25

클로버 잎 왕골 가방

완성 치수 도안 참조

준비 도구

실 18번 정도의 면사(올림퍼스 에이미 그란데)
　　오프화이트(851) … 34g
그 외 왕골 가방, 자수용 실
바늘 0호 레이스용 코바늘, 돗바늘, 자수용 바늘

게이지 무늬뜨기(무늬 1개) 6단 = 약 4.4cm

뜨는 법
◎ 실은 한 가닥으로 뜬다.
1 에징은 사슬 7코를 떠서 시작하고, 도안대로 169단(가방의 크기에 맞춰 조절)을 뜬다. 끝을 짧은뜨기 1단을 뜬다.
2 모티브는 사슬 1코를 떠서 시작하고 도안대로 총 28장을 만든다.
3 에징에 실을 꿰어 사슬뜨기를 하고 빼뜨기로 모티브를 연결한다.
4 가방에 감쳐 뜨기 시작한 곳과 끝난 곳을 맞춰 감친다.

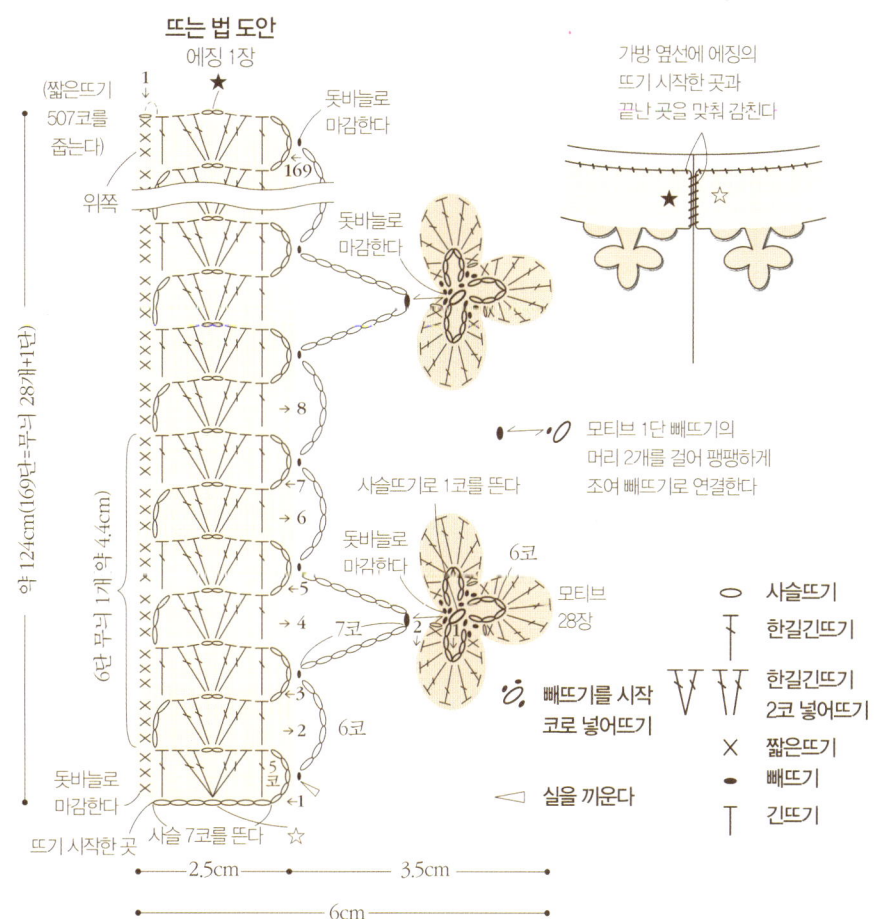

77

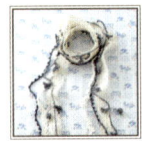

✤ p.30

래리어트

완성 치수 길이 150cm

준비 도구

실 중간 굵기의 면마 혼방사(하마나카 클락스 C)
　　오프화이트(1) … 10g
　　진남색(6) … 5g
　　중간 굵기의 면마 혼방사(하마나카 클락스 S)
　　진남색 계열(26) … 10g
그 외 토션 레이스 폭 3cm
　　화이트 … 150cm
바늘 3/0호 코바늘, 2/0호 코바늘, 돗바늘

뜨는 법

◎ 실은 각각 한 가닥으로 뜬다.
1 브레이드 A~C는 각각 도안대로 뜬다.
2 구슬 모티브는 링을 만들어 도안대로 총 7개를 뜬다.
3 브레이드 C에 구슬 모티브를 달고 토션 레이스와 브레이드 3줄을 겹쳐 두 곳을 박아 완성한다.

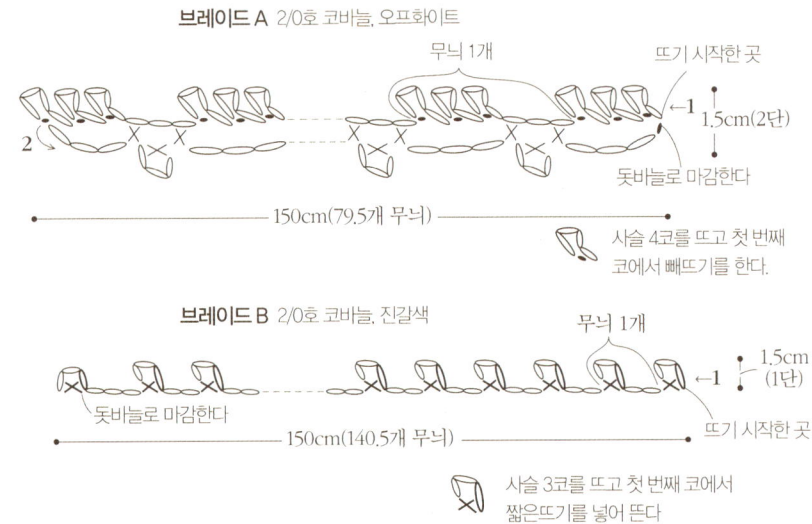

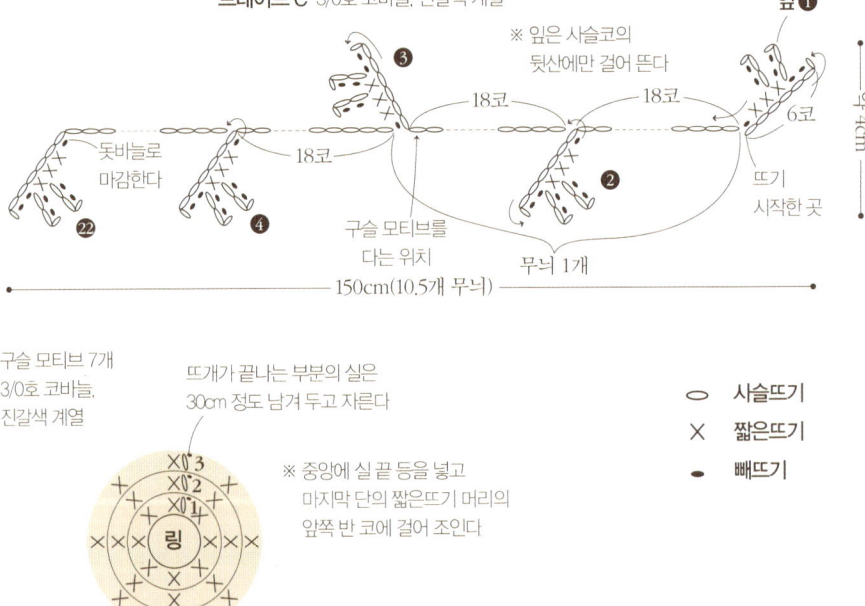

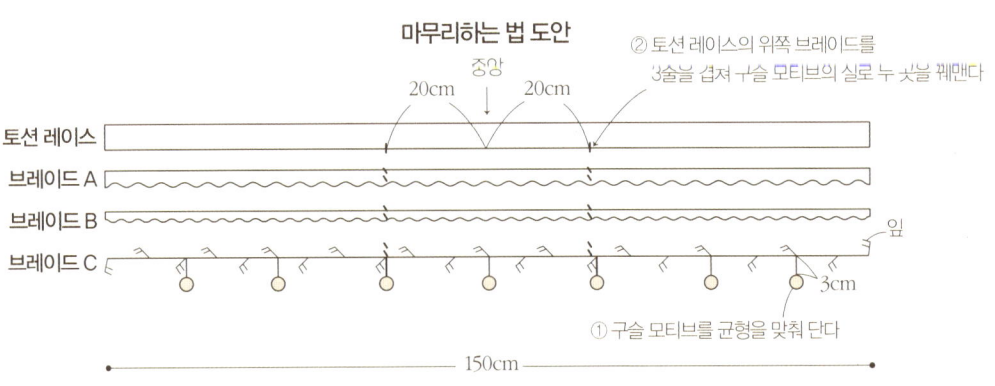

코바늘 손뜨개

초판 1쇄 발행일 2011년 7월 20일
초판 16쇄 발행일 2023년 3월 29일
지은이 NHK출판사 편집부
발행인 윤호권
사업총괄 정유한
발행처 ㈜시공사 **주소** 서울시 성동구 상원1길 22, 6-8층(우편번호 04779)
대표전화 02-3486-6877 **팩스(주문)** 02-585-1755
홈페이지 www.sigongsa.com / www.sigongjunior.com
글 ⓒ NHK출판사 편집부, 2011

이 책의 출판권은 ㈜시공사에 있습니다. 저작권법에 의해
한국 내에서 보호받는 저작물이므로 무단 전재와 무단 복제를 금합니다.
ISBN 978-89-527-7983-0 13590

*시공사는 더 나은 내일을 함께 만들 여러분의 소중한 의견을 기다립니다.
*미호는 아름답고 기분 좋은 책을 만드는 ㈜시공사의 실용 브랜드입니다.
*잘못 만들어진 책은 구입하신 곳에서 바꾸어 드립니다.

 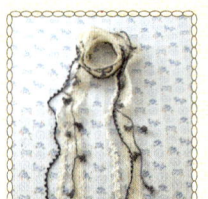